Kauderwelsch
Band 9

Impressum

Hans G. Voßmann
Nepali — Wort für Wort
erschienen im
REISE KNOW-HOW Verlag Peter Rump GmbH
Osnabrücker Str. 79, D-33649 Bielefeld
info@reise-know-how.de

11. Auflage 2019

Bearbeitung Josef Overberg, Peter Rump
Layout Svenja Lutterbeck
Layout-Konzept Günter Pawlak, FaktorZwo! Bielefeld
Umschlag Peter Rump (Titelfoto: Elfi Gilissen)
Kartographie Ian Macneish
Fotos Rainer Krack
Gesamtherstellung Himmer GmbH Druckerei & Verlag, Augsburg

ISBN 978-3-8317-6483-9
Printed in Germany

Die Internetseiten mit Aussprachebeispielen und der Zugriff auf diese über QR-Codes sind eine freiwillige, kostenlose Zusatzleistung des Verlages. Der Verlag behält sich vor, die Bereitstellung des Angebotes und die Möglichkeit der Nutzung zeitlich und inhaltlich zu beschränken. Der Verlag übernimmt keine Garantie für das Funktionieren der Seiten und keine Haftung für Schäden, die aus dem Gebrauch der Seiten resultieren. Es besteht ferner kein Anspruch auf eine unbefristete Bereitstellung der Seiten.

Kauderwelsch

Hans G. Voßmann

Nepali

Wort für Wort

Dank an
Giri Dhari Devkota

Kauderwelsch heißt:

- Schnell mit dem **Sprechen** beginnen, auch wenn nicht immer alles korrekt ist.
- Von der **Grammatik** wird nur das Wichtigste in einfachen Worten erklärt.
- Alle Beispielsätze werden doppelt ins Deutsche übertragen: erst **Wort-für-Wort,** dann in normales Deutsch. Die Wort-für-Wort-Übersetzung hilft, die neue Sprache schneller zu durchschauen, außerdem lassen sich dadurch leichter einzelne Wörter im fremdsprachigen Satz austauschen.
- Es geht um die **Alltagssprache,** also das, was man tatsächlich auf der Straße hört.
- Die **Autoren** sind entweder Reisende, die die Sprache im Land selbst gelernt haben oder Muttersprachler.

Kauderwelsch-Sprachführer sind keine Lehrbücher, aber viel mehr als traditionelle Reisesprachführer. Wer ein wenig Zeit investiert, einige Vokabeln lernt und die Sprache im Land anwendet, wird **Türen öffnen,** ein Lächeln ins Gesicht zaubern und reichere Erfahrungen machen.

Talk to each other!

Kauderwelsch Aussprachetrainer

Kauderwelsch zum Anhören

Einzelne Sätze und Ausdrücke aus diesem Buch können Sie sich **kostenlos anhören.** Diese **Aussprachebeispiele** erreichen Sie über die im Buch abgedruckten QR-Codes oder diese Adresse: www.reise-know-how.de/kauderwelsch/009

Die Aussprachebeispiele im Buch sind Auszüge aus dem umfassenden Tonmaterial, das unter dem Titel **„Kauderwelsch AusspracheTrainer Nepali“** separat erhältlich ist – als Download über Onlinehörbuchshops (ISBN 978-3-95852-093-6) oder als CD im Buchhandel (ISBN 978-3-95852-343-2). Beide Versionen erhalten Sie auch über unsere Internetseite:

- **www.reise-know-how.de**

Alle Sätze, die Sie auf dem Aussprachetrainer hören können, sind in diesem Buch mit einem 👂 gekennzeichnet.

Inhalt

9 Vorwort
10 Hinweise zur Benutzung
11 Nepali, Sprache & Schrift

Grammatik

15 Aussprache & Betonung
18 Drei Wörter, die weiterhelfen
20 Das Hilfsverb „sein“
23 Persönliche Fürwörter
24 Besitzanzeigende Fürwörter
25 Fragen
29 Mehrzahl
29 Dies & Jenes
30 Die Zeiten
33 Verneinung
34 Zusammengesetzte Wörter
35 Befehlen & Auffordern
36 Verhältniswörter
39 Bindewörter
41 Garnu - das Vielzweckwort
43 Parnu - ein Wort, vier Bedeutungen
46 Die „laai - Form“
50 Steigerung der Adjektive
52 Zahlen
53 Mengen
54 Zeit & Datum
56 Das nepalesische Jahr

Inhalt

Konversation

61 Anreden, Grüßen, Höflich sein
63 Redewendungen
65 Sitten, Gebräuche & Körpersprache
70 Unterwegs
78 Essen & Trinken
84 Übernachten
85 Einkaufen
87 Fotografieren
88 Post, Bank & Ämter
92 Krank sein
96 Was Nepalesen wissen wollen

Anhang

98 Literaturhinweise
99 Konjugationsschema
102 Wörterliste Deutsch - Nepali
107 Wörterliste Nepali - Deutsch
112 Der Autor

Buchklappe vorne *Zahlen*
Lautschrift & Abkürzungen
Nichts verstanden? – Weiterlernen!

Buchklappe hinten *Die wichtigsten Floskeln und Redewendungen*
Die wichtigsten Fragen
Die wichtigsten Fragewörter & Richtungsangaben

Beschaulicher Alltag in Panauti

Vorwort

Sprache ist für mich der Schlüssel zum Verständnis von Menschen. Wenn ich im Ausland herumreise, bedauere ich es immer wieder, mich nicht mit der Bevölkerung verständigen zu können. Ich habe dann den Eindruck, von vielen wichtigen und schönen Dingen ausgeschlossen zu sein. Als wenn ich vor einem Zaun stehe und nicht in Nachbars Garten gelangen kann. Um Ihnen dieses Gefühl in Nepal zu ersparen, habe ich diesen Sprechführer geschrieben. Ich hoffe, er hilft Ihnen, sich zurechtzufinden.

Das Schreiben dieses Büchleins war darüber hinaus eine neue Erfahrung für mich, sozusagen ein Experiment. Ich bin deshalb jedem Leser dankbar, der mir über die Verlagsadresse mitteilt, welche Erfahrungen er mit diesem Sprechführer gemacht hat oder was daran zu verbessern ist. So kann die Qualität des Inhaltes gesteigert werden.

Abschließend möchte ich all denen danken, die mir beim Schreiben und Korrigieren geholfen haben, insbesondere meiner ehemaligen Frau Maria Grave. Wir haben ein Jahr zusammen in Nepal gelebt, und das Schreiben dieses Buches hat mich oft an sie erinnert.

Hinweise zur Benutzung

Grammatik

Das Buch beginnt mit der Aussprache und einfachen Grammatikregeln, die nicht immer den tatsächlichen Regeln entsprechen, sondern oft soweit vereinfacht wurden, dass es für Sie erlernbar und für den Nepalesen verständlich bleibt.

Konversation

Der zweite Teil des Buches bietet fertige Sätze an, die Sie sehr wahrscheinlich gebrauchen werden. Sie sind nach typischen Situationen geordnet und so angelegt, dass man sie mit neugelernten Vokabeln individuell verändern kann. Das wird zusätzlich vereinfacht durch eine genaue Wort-für-Wort-Übersetzung, die Ihnen schnellstmöglich ein Gefühl für Satzbau und Sprachstruktur vermittelt. Zusätzlich finden Sie Hinweise für das richtige Verhalten. Kommunikation findet ja nicht nur durch Sprache statt, sondern drückt sich auch in Gesten und Körpersprache aus. Ein noch so freundlicher Händedruck wird eben nicht verstanden, wenn aus Unwissenheit die falsche Hand benutzt und dadurch das Gegenüber beleidigt wird.

Wort-für-Wort-Übersetzung

Wörterliste

Den Abschluss des Buches bildet ein Vokabelteil, der Ihnen die wichtigsten Wörter für die Reise bietet.

Umschlagklappe

Die angebotenen Satzbau-Übungen sind für lange Busfahrten oder Regentage im Hotel gedacht und helfen Ihnen hoffentlich, schnell Fortschritte im flüssigen Sprechen zu machen.

Nepali, Sprache & Schrift

Die nepalesische Bevölkerung unterteilt sich in eine Vielzahl unterschiedlicher Völker mit unterschiedlichen Sprachen.

Ganz grob lassen sie sich in zwei Gruppen unterteilen: die indisch-hinduistischen Völker aus dem Süden mit indo-arischer Sprachwurzel und die tibetisch-buddhistischen Bewohner des Nordens, deren Sprache tibetisch-burmesischen Ursprungs ist.

Amtssprache ist, seit der Einigung Nepals im 18. Jh., **Nepali.** Diese Sprache ist aus dem **Sanskrit** entstanden und wurde ursprünglich von der indisch-hinduistischen Bevölkerung gesprochen.

Die einfache Sprache der Straße ist relativ leicht zu erlernen und reicht zur Verständigung aus. Die Grammatik ist so kurz und einfach wie möglich gehalten und beschränkt sich auf das Wesentliche. Deutschsprachigen fällt die Aussprache aufgrund der Ähnlichkeit viel leichter als z. B. den Engländern. Schon ein kleiner Grundwortschatz reicht aus, um im Lande zurechtzukommen.

Die Schrift ist dagegen schwer zu erlernen. Die Nepalesen verwenden nicht das lateinische Alphabet, sondern das **Devanagari,** das dem Sanskrit verwandt ist. Es besteht aus 14 Vokalen und 36 Konsonanten, die sich durch eine Vielzahl unterschiedlicher Betonungen auszeichnen, für die es im Deutschen nicht immer Entsprechungen gibt. Da der Schwerpunkt der Kauderwelsch-Reihe auf der Vermittlung der Sprechfähigkeit liegt, kann ich größtenteils auf die Darstellung der Schrift verzichten. Ich benutze statt dessen eine leicht verständliche Umschrift.

Im Konversationsteil werden allerdings einige wichtige Sätze auch in nepalesischen Schriftzeichen abgebildet, nicht zuletzt damit man bei Verständnisschwierigkeiten einfach draufzeigen kann.

Vokale

a	अ	aa	आ
i	इ	ce	ई
u	उ	oo	उ
an	अं	ri	ऋ
lri	ऌ	e	ए
ai	ऐ	o	ओ
au	औ	ah	अः

Vokalendungen

a	ा	i	ि
ee	ी	u	ु
au	ौ	an	ं
ai	ै	o	ो
oo	ू	e	े
ah	ः		

Seitenzahlen

Um Ihnen den Umgang mit den Zahlen zu erleichtern, wird auf jeder Seite die Seitenzahl auch in Nepali angegeben!

Krishna Sari Shop in Kathmandu

Konsonanten

Ka	क	Kha	ख
Ga	ग	Gha	घ
Na	ड	Cha	च
Chha	छ	Ja	ज
Jha	झ	Yna	ञ
Ta	ट	Tha	ठ
Da	ड	Dha	ढ
Na	ण	Ta	त
Tha	थ	Da	द
Dha	ध	Na	न
Pa	प	Pha	फ
Ba	ब	Bha	भ
Ma	म	Ya	य
Ra	र	La	ल
Wa	व	Sha	श
Sha	ष	Sa	स
Ha	ह	Ksha	क्ष
Tra	त्र	Jna	ज्ञ

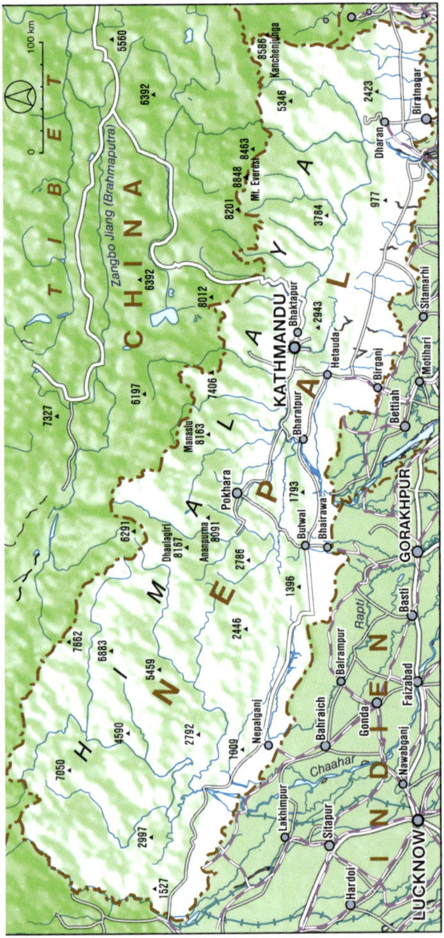
TIBET
CHINA
HIMALAYA
NEPAL
INDIEN
0
100 km
Zangbo Jiang (Brahmaputra)
KATHMANDU
Bhaktapur
Bharatpur
Pokhara
Butwal
Bhairawa
Hetauda
Birganj
Nepalganj
Dharan
Biratnagar
Mt. Everest
8848
8463
8201
Kanchenjunga
8586
Manaslu
8163
Annapurna
8091
Dhaulagiri
8167
GORAKHPUR
LUCKNOW
Lakhimpur
Sitapur
Hardoi
Bahraich
Balrampur
Gonda
Faizabad
Basti
Nawabganj
Bettiah
Motihari
Sitamarhi
Rapti
Chaahar
7327
6197
6392
5560
6392
8012
7406
5346
3784
2943
2423
977
1793
1396
2786
6291
2446
7662
6883
5459
4590
2792
1009
7050
2997
1527

Aussprache & Betonung

Da die nepalesische Schriftsprache keine lateinischen Buchstaben verwendet, benutze ich die gebräuchliche phonetische Umschreibung des **Devanagari**.

Die richtige Aussprache ist für das Nepali wichtig, da kleine phonetische Unterschiede die Bedeutung des Wortes völlig verändern können. Allerdings stellt die Aussprache kein echtes Hindernis dar, zumal der Sinn eines Wortes normalerweise aus dem Kontext deutlich wird. Versteht in einem Gespräch Ihr Gegenüber ein Wort nicht, wiederholen Sie es leicht verändert bzw. anders betont.

Im Großen und Ganzen werden die Buchstaben wie im Deutschen gesprochen. Ausnahmen und Besonderheiten zeige ich im Folgenden auf:

aa	wird wie das langgezogene deutsche a ausgesprochen z. B. N**a**se **aamaa** (Mutter)
a	wird ausgesprochen wie das kurze, dumpfe o in R**o**ss, Kl**o**tz **kalam** (Federhalter)
o	langgezogen wie im deutschen Wort: **O**ma, M**o**tor **yo** (dies)
oi	deutsches „**eu**“ **hoina** (nein)

kh	beide Laute sind hörbar, werden aber wie einer gesprochen: An ein **k** wird ein weiches **h** angehängt. Am besten lässt man es sich in Nepal vorsprechen. **khaanaa** (Essen)
ch	wie tsch in „Ma**tsch**“ **chaang** (Nepal-Bier)
chh	tsch und h (zwei Silben) **maachhaa** (Fisch)
y	wie j in **J**äger **yo** (dies)
j	wie dsch in **Dsch**ungel **raajaa** (König)
kk	kurzes k, wie in Ja**ck**e **chakku** (Messer)
ph	wie f **phul** (Blume)
s	immer „scharf“ **sisi** (Flasche)
sh	scharfes s und deutliches h **aashaa** (Hoffnung)

Alle übrigen Laute - auch Doppellaute - werden wie im Deutschen ausgesprochen.

Heutzutage gibt es im Nepali eine Menge englischer Lehnwörter, für die es keine nepalesische Übersetzung gibt. Ich kennzeichne diese Wörter im Text durch <Einklammern>. Die Aussprache entspricht der des englischen Wortes, wobei es allerdings auch eine Ausnahme gibt:

Folgt auf das „s“ am Anfang eines Wortes ein Konsonant, so bekommt die nepalesische Zunge Schwierigkeiten. Deshalb wird in einem solchen Fall ein kurzes „i“ vor das „s“ geschoben. „school“ wird also „iskul“ ausgesprochen.

Betonung

Für die Betonung der Wörter braucht man sich keine festen Regeln zu merken. Am besten wie im Deutschen betonen, d. h. die vorletzte Silbe. Im Übrigen werden Sie ziemlich schnell ein Gefühl dafür entwickeln.

Satzbau

Der Satzbau ist recht einfach: Das Subjekt kommt an den Anfang, das Verb (Prädikat) an das Ende des Satzes. Dazwischen steht das Objekt:

Yo kalam ho.
dies Federhalter ist
Dies ist ein Federhalter.

Uhaa mero baa ho.
er mein Vater ist
Er ist mein Vater.

Drei Wörter, die weiterhelfen

Am Anfang Ihres Nepal-Aufenthaltes werden Sie oft in die Verlegenheit kommen, Straßen, Plätze oder Dinge zu suchen. Dabei helfen folgende Wörter:

kaahaa chhaa

chhaa (sein, sich befinden)
kaahaa (wo?)

Kaathmaandu <guest-house> kaahaa chhaa?
Kathmandu Guest-House wo ist
Wo ist das Kathmandu Guest-House

Pokhaaraa <bus> kaahaa chhaa?
Pokhara Bus wo ist
Wo ist der Bus nach Pokhara?

ho

Wollen Sie nach Dingen oder Namen fragen, so hilft das Wort **ho** (sein). Einfach auf den Gegenstand zeigen und sagen:

So kann man eine Menge weiterer Vokabeln erfragen.

Naam ke ho?
Name welcher ist
Wie heißt das?

garnu

Ein drittes Wort ist **garnu**. Es bedeutet soviel wie „tun, machen". In Verbindung mit englischen Wörtern, die oft verstanden werden und teilweise sogar ins Nepali eingegangen sind, können Sie damit Aufforderungen ausdrücken. Einfach das englische Wort nehmen, **garnu** dahinter stellen und ein „s" anhängen, etwa so:

<help> garnus	(hilf!)
<stop> garnus	(hör auf!)
<shopping> garnus	(kauf ein!)

Kathmandu

Artikel

Artikel wie „der, die, das" oder „ein, eine" gibt es im Nepali nicht.

Das Hilfsverb „sein“

Für das deutsche Hilfsverb „sein“ gibt es im Nepali zwei unterschiedliche Wörter, die alternativ verwendet werden. Außerdem benutzt man sie, um Fragen zu beantworten. Die negative Form wird durch Anhängen von **–inaa** gebildet.

ho (sein) & hoinaa (nicht sein)

ho benutzt man immer dann, wenn etwas bezeichnet oder als existierend dargestellt werden soll.

Mero naam Raam ho.
mein Name Raam ist
Mein Name ist Raam.

Yo mero ghar ho.
dies mein Haus ist
Dies ist mein Haus.

Mero naam Raam hoinaa.
mein Name Raam nicht–ist
Mein Name ist nicht Raam.

Yo mero ghar hoinaa.
dies mein Haus nicht–ist
Dies ist nicht mein Haus.

chaa (sein, sich befinden) & chhaainaa (nicht sein)

chhaa wird immer dann benutzt, wenn Dinge oder Personen lokalisiert werden sollen.

Kalam tebalmaa chhaa.
Füller Tisch–auf ist
Der Füller ist auf dem Tisch.

Mero bhaai gharmaa chhaainaa.
mein Bruder zu–Hause nicht–ist
Mein Bruder ist nicht zu Hause.

Außerdem wird **chhaa** benutzt, um Eigenschaften wie Farben, Geschmack u. ä. zuzuordnen, also in Verbindung mit Eigenschaftswörtern.

Uhaako kamij raamro chhaa.
sein Hemd schön ist
Sein Hemd ist schön.

Mero ghar raato chhaainaa.
mein Haus rot nicht–ist
Mein Haus ist nicht rot.

Ja & Nein

Nach den gleichen Regeln benutzt man **ho** und **chhaa** zur Bejahung und Verneinung von Fragen, also:

Das Hilfsverb „sein“

Yo taapaaiko jholaa ho?	**Ho!**	**Hoinaa!**
dies deine Tasche ist	*ist*	*ist–nicht*
Ist dies deine Tasche?	Ja!	Nein!

Yo kitaap kaalo chhaa?	**Chhaa!**	**Chhaainaa!**
dies Buch schwarz ist	*ist*	*ist–nicht*
Ist dies Buch schwarz?	Ja!	Nein!

Tipp: Bei der Beantwortung von Fragen das gleiche Wort verwenden, das im Fragesatz auftaucht. Benutzt der Fragende **chhaa,** so antwortet man mit **chhaa** bzw. mit **chhaainaa.** Im Übrigen gilt: Sollten Sie **ho** und **chhaa** verwechseln, so sprechen Sie zwar grammatikalisch falsch, werden aber trotzdem verstanden.

Durbar Square, Patan

Persönliche Fürwörter

Die nepalesische Sprache kennt eine Vielzahl unterschiedlicher Personalpronomen, die sich nach der Kaste der betreffenden Person richten. Zur Vereinfachung führe ich hier nur die wichtigsten auf:

ma	ich
taapaai	du (höfliche Form, etwa Sie)
uhaa	er, sie, es (höfliche Form)

Um die Mehrzahl zu bilden, muss man einfach die Endung **–haaru** anhängen:

haamihaaru	wir
taapaaihaaru	ihr
uhaahaaru	sie

Anstelle von **haamihaaru** (wir) wird in der Regel die Kurzform **haami** benutzt.

Uhaa <German> ho.
er Deutscher ist
Er ist ein Deutscher.

Besitzanzeigende Fürwörter

Das Possessivpronomen entsteht durch das Anhängen der Endung **-ko** an das Personalpronomen. Dabei wird aus **ma** + **ko** = **mero** und aus **haami** + **ko** = **haamro**.

mero	mein	**haamro**	unser
taapaaiko	dein	**taapaaihaaruko**	euer
uhaako	sein, ihr	**uhaahaaruko**	ihr

Das besitzanzeigende Fürwort wird wie im Deutschen vor das Substantiv, auf das es sich bezieht, gestellt:

Mero naam Limbu ho.
mein Name Limbu ist
Mein Name ist Limbu.

Haamro desh <germany> ho.
unser Land Deutschland ist
Unser Land ist Deutschland.

Das Ausdrücken von Besitzverhältnissen

Neben der Bildung des Possessivpronomens hat die Endung **-ko** die Funktion, jegliche Art von Besitzverhältnis auszudrücken.

Yo <cigarettes> Gurungko ho.
diese Zigaretten Gurung-seine sind
Diese Zigaretten gehören Gurung.

Yo kalam Setoko ho.
dieser Füller Seto–seiner ist
Dieser Füller gehört Seto.

Durch die Endung **-ko** lässt sich also ein Besitzverhältnis ausdrüken. **-ko** wird an dasjenige Wort angehängt, in dessen Besitz sich etwas befindet.

Fragen

Die Fragewörter erscheinen vor oder nach dem Wort, auf das sie sich beziehen: Die Satzstellung wird für eine Frage nicht verändert.

kun	welche(-r, -s)?	**kaahaa**	wo?
ke	was?	**kosko**	wessen?
ko	wer?	**kahile**	wann?
kinaa	warum?	**kati**	wie viel(e)?
kosto	wie?	**kosaari**	wie?

Grundsätzlich betont man in einem Fragesatz das letzte Wort, unabhängig davon, ob ein Fragewort verwendet wird oder nicht. Das heißt, jeder einfache Aussagesatz lässt sich durch Betonen des letzten Wortes in einen Fragesatz umwandeln.

Chaang kaahaa chhaa?
Bier wo ist
Wo ist das Bier?

Chaang *heißt das selbstgebraute Bier der Nepalesen*

Fragen

Mit dieser Frage möchte ein Nepalese herausfinden, wie Ihr Vaterland heißt, nicht etwa den Straßennamen!

Taapaaiko ghar kaahaa chhaa?
dein Haus wo ist
Wo steht dein Haus?

Um Fragen zu betonen oder um den Plural zu bilden, kann man das Fragewort verdoppeln:

keke?	was alles?
kunkun?	welche alle?
kaahaa kaahaa?	wo überall?

Die bereits bekannten und einige neue Vokabeln:

baa/aamaa	Vater/Mutter
chhoraa/chhori	Sohn/Tochter
ketaa/keti/ketaaketi	Junge/Mädchen/ Kinder
ghar/<hotel>	Haus/Hotel
raajaa/raani	König/Königin
raati/din	Nacht/Tag
saathi/keti-saathi	Freund/Freundin
bihaanaa/belukaa	Morgen/Abend
<cycle>/<bus>	Fahrrad/Bus
khaanaa/khaanu	Essen/essen
sobdaa/bhaasaa	Wort/Sprache
paribaar	Familie
madat/aashaa	Hilfe/Hoffnung
<cigaret>	Zigarette
chaang	selbstgebrautes Bier

chakku	Messer	
desh/sahar	Staat/Stadt	
diuso	Mittag	
<german>/<swiss>	Deutscher/ Schweizer	
<dutch>/<austrian>	Niederländer/ Österreicher	
paani	Wasser, Regen	
naam/tegaana	Name/Adresse	
<table>/mech	Tisch/Stuhl	
solei/sisi/<cup>	Streichhölzer/ Flasche/Tasse	
kaam	Arbeit	
kalam/<ball-point>	Füller/ Kugelschreiber	
jholaa/komij	Schultertasche/ Hemd	
kitaap	Buch	
samaachaar, <newspaper>	Zeitung	
kothaa	Raum, Zimmer	
maachaa	Fisch	
maasu	Fleisch	
hijo/aajaa/bholi	gestern/heute/ morgen	
asti/parsi	vorgestern/ übermorgen	
garmi/jaado	heiß/kalt	*(Wetter)*
taato/chiso	heiß/kalt	*(alles andere)*
sasto/mahako, mahango	billig/teuer	
mitho	lecker/fein	
raamro/naaraamro	gut/schlecht	
saano/thulo	klein/groß	

naamaaste	allgemeines Grußwort
dhaanyaabaad!	danke schön!
thik chhaa	in Ordnung, okay
yo/tyo	dies/jenes
ani, ra/ki	und/oder

Übung

Die Wörter aus den Spalten können in beliebiger Reihenfolge kombiniert werden, sofern sie als Satz einen Sinn ergeben.

Mero ghar thulo chhaa.
mein Haus groß ist
Mein Haus ist groß.

Yo aamaako <cycle> ho.
dies Mutter–ihr Fahrrad ist
Dies ist Mutters Fahrrad.

yo	**mero**	**ghar**	**chiso**	**ho**
tyo	**taapaaiko**	**aamaa**	**garmi**	**hoinaa**
	uhaako	**baa**	**jaado**	**chhaa**
	haamiko	**bhaasaa**	**mahako**	**chhaainaa**
	Raamko	**chakku**	**mitho**	
	aamaako	**kaam**	**raamro**	
	baako	**keti**	**saano**	
		khaanaa	**sasto**	
		cycle	**taato**	
		kothaa	**thulo**	

Mehrzahl

Die Bildung der Mehrzahl ist sehr einfach. An die Einzahl wird einfach die Endung **-haaru** angehängt:

kukur – kukurhaaru	Hund - Hunde
jugaa – jugaahaaru	Blutegel – Blutegel
musaa – musaahaaru	Maus – Mäuse
sarpaa – sarpaahaaru	Schlange – Schlangen
ghar – gharhaaru	Haus – Häuser

Dies & Jenes

Die Demonstrativpronomen werden wie im Deutschen benutzt:

yo (dies)
tyo (das, jenes)

Yo mero ghar ho, tyo taapaaiko ho.
dies mein Haus ist das deines ist
Dies ist mein Haus, jenes dort ist deins.

Die Zeiten

Jedes der vielen unterschiedlichen Personalpronomen hat in der gyrammatikalisch richtigen Form eine eigene Verbindung.

Gegenwart

Zur Konversation reicht allerdings eine stark vereinfachte Regel aus: Alle nepalesischen Verben enden in der Grundform auf **–nu,** z. B. **jaanu** (gehen). Streichen Sie von der Infinitivform das **–u** und ersetzen Sie es durch ein **–e.**

jaanu (gehen)	
ich gehe	**ma jaane**
du gehst	**taapaai jaane**
wir gehen etc.	**haami jaane**

aaunu (kommen)	
er kommt	**uhaa aaune**
sie kommen	**uhaahaaru aaune**
ihr kommt etc.	**taapaaihaaru aaune**

Wie gesagt, dies ist eine vereinfachte Art der Konjugation, aber es reicht zum Verstandenwerden aus. Für diejenigen unter Ihnen, die Nepali etwas genauer lernen wollen, habe ich am Ende des Buches ein Konjugationsschema angefertigt.

Vergangenheit

Die Bildung der Vergangenheitsform erfolgt in der Regel durch das Ersetzen der Infinitivendung **-nu** durch die Endung **-eko**, z. B.:

khaanu	essen
khaaeko	aß, gegessen haben
garnu	machen
gareko	machte, gemacht haben

Ma dhaal bhaat kaaeko.
ich dhaal bhaat gegessen
Ich habe „dhaal bhaat“ gegessen.

Nepalesisches Nationalgericht

Ma mero ghar saphaa gareko.
ich mein Haus sauber machte
Ich machte mein Haus sauber.

Bei einigen Verben ändert sich allerdings der Wortstamm in der Vergangenheit. Sie werden sich im Einzelfall bei Nepalesen nach der richtigen Form erkundigen müssen. Zwei wichtige Ausnahmen möchte ich Ihnen aber vorstellen:

1) Verben, die im Infinitiv vor **-nu** mehrere Vokale (a, e, i, o, u) aufweisen, verlieren beim Anhängen von **-eko** einen Vokal:

aaunu	kommen
aeko	kam, gekommen sein
risaaunu	böse, ärgerlich sein
risaaeko	war böse

2) Bei **jaanu** (gehen) wird das **j** in der Vergangenheit zu einem **g**.

ma jaane	ich gehe
ma gaaeko	ich ging

Sie können die Vergangenheit noch genauer bestimmen, indem Sie eine Zeitangabe einfügen.

Hijo taapaai taapaaiko komij dhunneko.
gestern du dein Hemd gewaschen
Gestern hast du dein Hemd gewaschen.

Zukunft

Eine einfache und im gesprochenen Nepali auch übliche Form der Zukunftsbildung besteht darin, dem Verb in der Gegenwartsform eine Zeitbestimmung voranzustellen:

Ma bholi jaane.
ich morgen gehe
Ich werde morgen gehen.

Ma aaune saal jaane.
ich kommendes Jahr gehe
Ich werde kommendes Jahr gehen.

Zeitbestimmungen

heute/gestern	**aajaa/hijo**
morgen/übermorgen	**bholi/parsi**
vorgestern	**asti**
mittags	**diusomaa, dinmaa**
morgens	**bihaanaamaa**

abends	**belukaamaa**
in 1 Stunde	**ek ghantaa pachaadi**
vor 1 Minute	**ek <minute> aghaadi**
sofort/Moment	**ahile/chin**
später/früher	**pachi/aghi**
vorher/nachher	**aghaadi/pachaadi**
gleich	**ek chin pachi**

Verneinung

Das Verneinen von Tätigkeiten lässt sich stark vereinfachen, indem man vor das Verb die Silbe **naa** stellt. Diese Form der Verneinung lässt sich auf alle Zeiten anwenden:

ma naajaane	ich gehe nicht
haami naajaane	wir gehen nicht
taapaai naakhaaeko	du hast nicht gegessen

Eigenschaftswörter und Umstandswörter lassen sich genauso negieren.

raamro – naaraamro schön – nicht schön
mitho – naamitho lecker – nicht lecker

Mero komij naaraamro chhaainaa.
mein Hemd nicht-schön nicht-ist
Mein Hemd ist schön.

Wichtig: Eine doppelte Verneinung ergibt, wie im Deutschen, eine Bejahung. Ist das Adverb verneint, muss das Verb bejaht sein.

Zusammengesetzte Wörter

Zwei Substantive lassen sich im Nepali nicht einfach wie im Deutschen zusammenfügen, sondern werden mit **ko** (sein, von) verbunden:

Mech–ko kutta
Stuhl–sein Bein
Stuhlbein

Kommen in einem Satz z. B. zwei Verben vor, egal welche, so wird beim untergeordneten Verb das **u** der Grundform-Endung durch ein **e** ersetzt. Das Hauptverb so verwenden, wie wir es bisher gelernt haben:

Ma khaanaa khaane jaane.
ich Essen essen gehe
Ich gehe essen.

Ma churot piune jaane.
ich Zigarette rauchen gehe
Ich gehe rauchen.

In ähnlicher Weise kann man Verben und Substantive aneinanderreihen. Das **u** wird wiederum durch ein **e** ersetzt (im Deutschen haben wir oft eigene Wörter für diese Verb-Hauptwort-Kombination):

Ma sikaaune maanche hu.
ich unterrichtender Mensch bin
Ich bin Lehrer.

Uhaa dherai kaam garne maanche ho.
er viel Arbeit machender Mensch ist
Er ist Schwerarbeiter. *oder: Er ist fleißig.*

Yo motor jaane baato ho.
dies Auto gehender Weg ist
Das ist eine Straße.

Befehlen & Auffordern

Die Befehlsform wird gebildet, indem man an die Grundform des Verbs einfach ein **s** anhängt. Ein Befehl unterscheidet sich von einer Aufforderung durch den Tonfall, ähnlich wie im Deutschen.

aaunu kommen	**aaunus!** komm!
jaanu gehen	**jaanus!** geh!
dinnu geben	**dinnus!** gib!
naajaanu nicht gehen	**naajaanus!** geh nicht!

Verhältniswörter

Die Bezeichnung „Präposition" (prä = vor) ist für die folgenden Verhältniswörter eigentlich falsch, da sie dem Wort, auf das sie sich beziehen, nicht vorangestellt, sondern daran angehängt werden. Eigentlich müsste man sie „Postpositionen" (post = nach) nennen.

Richtung	**-maa**	in, auf, innerhalb, nach
	-maathi	über, oberhalb
	-tala	unter, unterhalb
	-pachaadi	hinter
örtlich	**-aghaadi**	vor
	-najik	in der Nähe, nah
	-taadhaa	weit weg, fern

suru/surumaa	Anfang/am Anfang
antim/antimmaa	Ende/am Ende
bich/bichmaa	Mitte/in der Mitte

Ma Kaathmaandumaa jaane.
ich Kathmandu–nach gehe
Ich gehe nach Kathmandu.

Uhaa kothaamaa maathi sutne.
er Zimmer–in oben schläft
Er schläft oben im Zimmer.

Haami mahinaako antimmaa Germanymaa pharkaane.
wir Monat–sein Ende–am Deutschland–nach zurückkehren
Wir kehren am Ende des Monats nach Deutschland zurück.

Gharnajik paani chhaa.
Haus–nah Wasser ist
In der Nähe des Hauses gibt es Wasser.

-kolaagi „für, zum“

Will man ausdrücken, dass irgendetwas für etwas gebraucht wird oder zu etwas da ist, so hängt man an das betreffende Wort die Endung **–kolaagi** an:

Hijo ma aamaakolaagi chiti lekheko.
gestern ich Mutter-für Brief geschrieben
Gestern schrieb ich für Mutter einen Brief.

Mero guru nepaali sikaaunukolaagi ho.
mein Lehrer Nepali unterrichten-zum ist
Mein Lehrer ist zum Nepaliunterrichten da.

saangaa „mit“

–saangaa kann auf drei verschiedene Arten angewandt werden:

1) Präposition (= mit), man hängt es als Nachsilbe an.

Ma taapaaisaangaa jaane.
ich du–mit gehe
Ich gehe mit dir.

2) Verb (= zusammen sein), in Verbindung mit **chhaa** (sein) rückt es als Verb ans Ende des Satzes.

Mero bhaai taapaaiko bhaai saangaa chhaa.
mein Bruder dein Bruder zusammen ist
Mein Bruder ist mit deinem Bruder zusammen.

3) Verb (= besitzen), nur in Verbindung mit Personen. Der besessene Gegenstand steht zwischen **saangaa** und **chhaa**, die Person vor **saangaa.**

Ma saangaa kalam chhaa.
ich mit Federhalter bin
Ich habe einen Federhalter.

von ... bis

zeitlich: **dekhi ... saammaa**
räumlich: **baato ... saammaa**

Sie sehen, die Nepalesen machen einen Unterschied bei „von“, das Wort „bis“ lässt sich in beiden Aussagen benutzen.

dekhi ... saammaa

Das bajyo dekhi tin bajyo saammaa ma kaam garne.
10 Uhr von 3 Uhr bis ich Arbeit mache
Ich arbeite von 10 bis 3 Uhr.

baato ... saammaa

K. baato P. saammaa jaane tin din lagne.
K. von P. bis gehen 3 Tage dauert
Es dauert 3 Tage, um von K. nach P. zu gehen.

Bindewörter

Der Gebrauch von Bindewörtern birgt keine besonderen Schwierigkeiten. Ich führe lediglich einige beispielhafte Sätze auf:

ani, ra **„und"**

Ma dhaal bhaat khaane ani raksi piune.
ich „dhaal bhaat" esse und Schnaps trinke
Ich esse „dhaal bhaat" und trinke Schnaps.

tara	**„aber“**

Ma bholi jaane, tara parsi ma pharkaaune.
ich morgen gehe, aber übermorgen ich zurückkomme
Ich gehe morgen, komme aber übermorgen zurück.

ki & natrabhane	**„oder & andernfalls“**

Malaai khaanaa dinnus, natrabhane (ki) ma morne.
mir Essen gib, andernfalls (oder) ich sterbe
Gib mir zu essen, andernfalls (oder) sterbe ich.

khinaabhane	**„weil“**

Ma Nepaal manparne, khinaabhane maanchehaaru raamro chhaa.
ich Nepal mag, weil Menschen schön sind
Ich mag Nepal, weil die Menschen nett sind.

-daakheri	**„während“**

Das ist jetzt schwieriger: An den Stamm des Verbs wird **daakheri** angehängt (also **–nu** weggelassen).

siknu *(lernen)*

Ma Nepaali sikdaakheri ma <english> naabolne.
ich Nepali lernend ich Englisch nicht spreche
Während ich Nepali lerne, spreche ich kein Englisch.

Garnu – das Vielzweckwort

Garnu hat die Bedeutung von „machen, tun“ und kann in Verbindung mit anderen Wörtern (auch englischen) eine Vielzahl von Bedeutungen annehmen. Es verwandelt sozusagen Substantive und andere Wörter in Tätigkeitswörter. Eigentlich kann jedes englische Wort, das auch nur annähernd mit „machen, tun“ zusammenpasst, mit **garnu** kombiniert werden. Dies entspricht auch der nepalesischen Art, neue Begriffe mit **garnu** zu konstruieren. Einige Beispiele:

madat Hilfe	**madat garnu** helfen
<**help**> Hilfe	<**help**> **garnu** helfen
	<**iron**> **garnu** bügeln
	<**trekking**> **garnu** trekken
	<**shopping**> **garnu** einkaufen
	<**remember**> **garnu** sich erinnern
chito schnell	**chito garnu** schnell machen
bistaare langsam	**bistaare garnu** langsam machen

Garnu – das Vielzweckwort

bichaar Gedanke	**bichaar garnu** denken
disaa Kot	**disaa garnu** zum Klo gehen
pisaab Urin	**pisaab garnu** urinieren
kaam Arbeit	**kaam garnu** arbeiten
saphaa sauber	**saphaa garnu** säubern
suru Beginn	**suru garnu** beginnen
antim Ende	**antim garnu** beenden
maag Bitte	**maag garnu** fordern (!)
	maagnu fordern

Jungs in Panauti

Parnu – ein Wort, vier Bedeutungen

Das Wort **parnu** hat verschiedene Bedeutungen und dummerweise unregelmäßige Zeitformen. Sie werden sie oft brauchen, darum empfehle ich, dieses Kapitel, auch wenn es etwas verwirrend erscheint, gut zu studieren.

Grundform:	**parnu**
Gegenwart:	**parchhaa**
Gegenwart verneint:	**pardaainaa**
Vergangenheit:	**paryo**
Vergangenheit verneint:	**parenaa**
Zukunft:	wird gebildet, indem man der Gegenwartsform eine Zeitbestimmung voranstellt.

1. parnu „müssen"

parnu hat die Bedeutung von „müssen", wenn es mit einem anderen Verb kombiniert wird. Das hinzugefügte Verb bleibt in der Grundform, während **parnu** in der passenden Form nachgestellt wird.

Bholi bihaanaa haami jaane parchhaa.
morgen Morgen wir gehen müssen
Morgen früh müssen wir gehen.

Hijo belukaa ma gharmaa aaune paryo.
gestern Abend ich Haus–nach kommen musste
Gestern Abend musste ich nach Hause kommen.

2. parnu „regnen“

In Verbindung mit **paani** (Wasser) und **hiu** (Schnee) hat **parnu** die Bedeutung von regnen. Benutzt werden jeweils die passenden Zeitformen.

Schnee regnen	**hiu parnu**	schneien
Wasser regnen	**paani parnu**	regnen

Hijo paahaadmaa hiu paryo.
gestern Berg–auf Schnee regnete
Gestern schneite es auf dem Berg.

<**monsoon**> **maa dherai paani parchhaa.**
Monsun–im viel Wasser regnet
Während des Monsuns regnet es viel.

3. parnu „gelegen sein, sich befinden“

Wann **parnu** als Ortsbestimmung benutzt wird, geht aus dem Kontext hervor. Die Zeitformen müssen angepasst werden, obwohl Sie möglicherweise nur die Gegenwart benutzen werden.

Dhaankutaa kaahaa parchhaa?
Dhankuta wo liegt
Wo liegt Dhankuta?

<**Germany**> **purbaamaa pardaainaa.**
Deutschland Osten–im nicht–liegt.
Deutschland liegt nicht im Osten.

4. parnu „kosten" (Preis)

parnu im Sinne von „kosten" werden Sie sicherlich am häufigsten benutzen:

Kati parchhaa? „Wie viel kostet?"

<**Cigarettes**> **kati parchhaa?**
Zigaretten wie viel kosten
Wie viel kosten die Zigaretten?

Hotelmaa ek raat sutnu kati parchhaa?
Hotel–im eine Nacht schlafen wie viel kostet
Wie teuer ist eine Ubernachtung?

<**Bus**> **maa Pokhaaraamaa jaanu kati rupiaa parchhaa?**
Bus–im Pokhara–nach gehen wie viel Rupien kostet
Wie teuer ist eine Busfahrt nach Pokhara?

Die „laai - Form“

Durch das Anhängen von **–laai** an Personenbezeichnungen bzw. Personalpro-nomen rücken diese in die Dativform. Es wird sozusagen eine Richtung auf jemanden ausgedrückt. Die „laai-Form“ kann nur bei Menschen angewendet werden.

Ma taapaailaai paaisaa dinne.
ich du–laai Geld gebe
Ich gebe dir Geld.

Uhaa malaai madat dinne.
er ich–laai Hilfe gibt
Er gibt mir Hilfe, er hilft mir.

Die **laai–Form** wird auch in den folgenden, feststehenden Redewendungen benutzt:

–laai bhok laagyo	hungrig sein
–laai tirkhaa laagyo	durstig sein
–laai nindraa laagyo	müde sein
–laai ghormi laagyo	schwitzen
–laai rughaa laagyo	erkältet sein
–laai jaado laagyo	frieren
–laai mitho laagyo	wohlschmeckend
–laai man paryo	geliebt werden
–laai paaisaa chaahiyo	Geld brauchen

Haamilaai rughaa laagyo.
wir–laai erkältet fühlen
Wir sind erkältet.

Khaanaa malaai mitho laagyo.
Essen ich–laai lecker fühlt
Das Essen schmeckt mir gut.

Uhaa malaai man paryo.
er ich–laai liebt
Er liebt mich.

Ma uhaalaai man paryo.
ich er–laai liebe
Ich liebe ihn.

Malaai disaa laagyo.
Ich habe Durchfall.

Die bereits bekannten und neue Vokabeln:

aadhaa	halb
aaunu	kommen
boknu	tragen
dhunnu	waschen
din	Tag
dinnu	geben
guru	Lehrer
hernu	sehen
hiu	Schnee
jaanu	gehen
kaalo	schwarz

kamij	Hemd
kosko?	wessen?
kati?	wie viel?
khaanu	essen
kinaa?	warum?
kosaari?	wie?
ko?	wer?
kahile?	wann?
kukur	Hund
linnu	nehmen
musaa	Maus
ahile	jetzt
raato	rot
saal	Jahr
sarpaa	Schlange
sutnu	schlafen
tirnu	bezahlen

bahini	jüngere Schwester
bhaai	jüngerer Bruder
dhaai	älterer Bruder
didi	ältere Schwester
aaram garnu	sich ausruhen
antim garnu	beenden
banaaunu	bauen
bichaar garnu	denken
chaahinu	bedürfen
dhaal bhaat	nepal. Reisgericht
belukaa	Abend
dherai	viel(-e, -es)
disaa garnu	zum Klo gehen
garnu	machen, tun

haajur	„ja bitte“
jholaa	Schultertasche
jugaa	Blutegel
kaam garnu	arbeiten
kosis garnu	versuchen
madat garnu	helfen
mahinaa	Monat
nuhaaunu	duschen
paahaad	Berg
paani parnu	regnen
hiu parnu	schneien
raajdhaani	Hauptstadt
ragat aaunu	bluten

shopping garnu	einkaufen
saphaa garnu	säubern
suru garnu	beginnen
saas phernu	atmen
raakhnu	setzen, stellen, legen

Übung

In der folgenden Übung können Sie einiges von dem, was Sie bisher gelernt haben, systematisch anwenden. Nehmen Sie aus jeder Spalte ein Wort und konstruieren Sie daraus beliebige Sätze. Zu beachten ist dabei nur, dass der Satz einen Sinn ergibt. Manchmal muss man auch eine Spalte ganz auslassen. Sie können Fragen und Aussagesätze bilden, außerdem die verschiedenen Zeiten anwenden.

ma	**kosko**	**chito**	**ghar**	**maa**	**jaanu**
taapaai	**kati**	**aadhaa**	**kukur**	**maathi**	**khaanu**
uhaa	**kinaa**	**kaalo**	**bich**	**tala**	**garnu**
haami	**ko**	**raato**	**suru**	**baahira**	**aaunu**
guru	**kahile**	**ahile**	**antim**	**aghaadi**	**boknu**
didi		**mitho**	**didi**	**pachaadi**	**hernu**
musaa		**saphaa**	**dhaai**		**linnu**
			bhaai		**kaam garnu**
			saal		**nuhaaunu**
			jugaa		

Steigerung der Adjektive

Adjektive werden gesteigert, indem man ihnen die Wörter **jhan** (Mehrstufe) oder **sabhandaa** (Meiststufe) voranstellt:

Steigern

schön	**raamro**
schöner	**jhan raamro**
am schönsten	**sabhandaa raamro**

Mero desh taadaa chhaa, taapaaiko jhan taadaa chhaa.
mein Land weit ist, deines weiter ist
Mein Land liegt weit weg, deins aber noch weiter.

Vergleichen

Um einen Vergleich zu bilden, muss man sich das Wort **bhandaa** merken. Es wird an den Satzteil oder das Wort angehängt, das untergeordnet ist.

Taapaai bhandaa mero bhaai dublo chhaa.
du „im-Vergleich" mein Bruder dünn ist
Im Vergleich zu dir ist mein Bruder dünn.

Der unterstrichene Satzteil ist die Kernaussage des Satzes, **taapaai** (du) ist untergeordnet und wird durch **bhandaa** mit der Kernaussage verglichen.

Taapaaiko <cycle> bhandaa mero <cycle> raamro chhaa.
dein Rad „im-Vergleich" mein Rad schön ist
Mein Rad ist im Vergleich zu deinem schön.

Der untergeordnete Satzteil kann der Kernaussage voran oder nachgestellt werden.

Zahlen

Das Erlernen der Zahlen ist mit am schwierigsten im Nepali, weil fast jede Zahl einen eigenen Namen hat und nur wenige durch Zusammensetzung gebildet werden. Wenn man allerdings die Zahlen von 1 bis 20, die Zehner sowie 100 und 1000 kennt, ist das eigentlich schon ausreichend. Weitere Zahlen können mit **ani** (und) gebildet werden, z. B. **bis ani chaar** (20 und 4 = 24).

0	**sunnaa**	11	**eghaara**	30	**tis**
1	**ek**	12	**baara**	40	**chaalis**
2	**dui**	13	**tera**	50	**pachaas**
3	**tin**	14	**chaudha**	60	**saathi**
4	**chaar**	15	**pandhra**	70	**sattaari**
5	**paach**	16	**sora**	75	**pachahatter**
6	**chha**	17	**satra**	80	**asi**
7	**saath**	18	**athaara**	90	**nabbe**
8	**aath**	19	**unnaais**	100	**se**
9	**naau**	20	**bis**	1000	**haajaar**
10	**das**	25	**pachis**		

Die Ziffern in nepalesischer Form helfen außerdem, die Zahlen geschrieben zu erkennen.

1	१	6	६	11	११
2	२	7	७	12	१२
3	३	8	८	13	१३
4	४	9	९	14	१४
5	५	10	१०	15	१५

Mengen

Aus diesen Zahlen können Sie durch Anhängen von **-otaa** Mengenangaben machen. Die Endung **-otaa** bedeutet soviel wie „Teil, Stück“.

duiotaa	zwei Stück, zwei Teile
chhaarotaa	vier Stück, vier Teile
dasotaa	zehn Stück, zehn Teile

Dasotaa keraa dinnus.
zehn-Stück Bananen gib
Geben Sie mir zehn Bananen.

Katiotaa dimmaa, haajur?
wie viel-Stück Eier bitte
Wie viele Eier möchten Sie?

Wichtig:
Das Substantiv, auf das sich die Mengenangabe bezieht, bleibt in der Einzahl!

Fast alle Mengenangaben lassen sich so bilden:

das rupiaa	zehn Rupien
das <minutes>	zehn Minuten
tin ghantaa	drei Stunden
chha din	sechs Tage
dui <kg>	zwei Kilo
paach se <gr>	500 Gramm
aadhaa <kg>	1/2 Kilogramm

Ausnahme:
Für Geld-, Zeit- und Gewichtsangaben gibt es keine Mengenangaben.

Zeit & Datum

Mit der Uhrzeit ist es so eine Sache in Nepal. Die meisten Menschen besitzen keine Uhr. Zur groben Orientierung dienen die Tageszeiten, die nach dem Stand der Sonne bestimmt werden. Uhrzeit hat in Nepal eigentlich keine Bedeutung. Ich empfehle: Vergessen Sie Ihre Uhr, sie ist nicht unbedingt notwendig.

Dieses Kapitel können Sie also beruhigt überschlagen.

Uhrzeit

baje	um
bajyo	... Uhr
saawaa	1/4 nach
paaune	1/4 vor
saade	1/2 nach

Haami bihaanaa saath baje uthne.
wir morgen sieben um aufstehen
Wir stehen morgens um sieben Uhr auf.

Ahile saath bajyo.
jetzt sieben Uhr
Es ist sieben Uhr.

Ahile saawaa aath bajyo.
jetzt viertel–nach acht Uhr
Es ist viertel nach acht.

Ahile paaune naau.	**Ahile saade ek.**
jetzt viertel–vor neun	*jetzt halb–nach eins*
Es ist viertel vor neun.	Es ist halb zwei.

Tageszeiten

Morgen	**bihaanaa**	Abend	**belukaa**
Mittag	**diuso**	Nacht	**raati**

Wochentage

sani baar	Samstag
aaitaa baar	Sonntag
som baar	Montag
mangal baar	Dienstag
budhaa baar	Mittwoch
bihi baar	Donnerstag
sukra baar	Freitag
din	Tag
hoptaa	Woche
mahinaa	Monat
saal, barsaa	Jahr

Die nepalesische Woche beginnt am **sani baar**, also samstags. Zwei wichtige Wörter für die Zeitangabe sind:

gaaeko	vergangenen (... Moment, Tag, Monat etc.)
aaune	am nächsten, kommenden (... Tag, Woche etc.)

Haami gaaeko sukra baar aaeko.
wir vergangenen Freitag ankamen
Wir sind vergangenen Freitag angekommen.

Mero didi aaune sani baar jaane.
meine ältere–Schwester kommenden Montag geht
Meine ältere Schwester geht am kommenden Montag.

Das nepalesische Jahr

Das nepalesische Jahr kennt nicht nur vier, sondern sechs Jahreszeiten, ist aber auch in zwölf Monate eingeteilt. Diese Einteilung deckt sich aber nicht mit unserer, sondern beginnt jeweils am 16. Tag europäischer Monatseinteilung. Außerdem beginnt das nepalesische Jahr Mitte April: am 15. April findet das nepalesische Neujahrsfest statt.

Das Klima wird vor allem durch den Sommermonsun beherrscht, der von Juni bis September über Nepal hinweggeht. Diese Zeit ist für Trekking-Touren ungeeignet. Die Nachmonsunzeit (Oktober bis November) ist für das Bergwandern dagegen ideal. In dieser Zeit hat man vor allem eine phantastische Fernsicht. Von Dezember bis Februar ist es so kalt, dass es in höhergelegenen Regionen sogar schneit, weshalb man zu dieser Zeit nicht in den Bergen wandern sollte. Ab März beginnt das Wetter schöner zu werden, die Sicht ist jedoch nicht so gut wie im Herbst.

Monate

baaisaakh	16. Apr. – 15. Mai (1)
jeth	16. Mai – 15. Juni (1)
asaar	16. Juni – 15. Juli (2)
saaun	16. Juli – 15. Aug. (2)
bhaadau	16. Aug. – 15. Sept. (2)
asoj	16. Sept. – 15. Okt. (3)
kaatik	16. Okt. – 15. Nov. (4)
mangsir	16. Nov. – 15. Dez. (4)
pus	16. Dez. – 15. Jan. (5)
maagh	16. Jan. – 15. Febr. (5)
phaagun	16. Febr. – 15. März (3)
chaait	16. März – 15. Apr. (1)

Die Zahlen hinter den Monaten beziehen sich auf die entsprechenden Jahreszeiten.

Jahreszeiten

1) heiß, Vormonsun
2) heiß und regnerisch, Monsun
3) angenehme, milde Jahreszeit
4) kälteres, herbstliches Klima
5) kalt, Frost und Schnee ab Mittelgebirgsregion

Die bereits bekannten und einige neue Vokabeln:

aago	Feuer
basnu	sich setzen
biraami	krank
birsinu	vergessen
bechnu	verkaufen
bujnu	verstehen
dhani	reich
garib	arm
dhokaa	Tür
eklei	alleine
gaau	Dorf
nadi	Fluss
roti	Brot
sodhnu	fragen
aaliaali	ein wenig
dagurnu	rennen, laufen
deraa	Zimmer, Wohnung
matlab	Bedeutung, Sinn
photo kichnu	fotografieren
piunu	rauchen, trinken
risaaunu	sich ärgern
rog	Krankheit
rocknu	anhalten
saamjinu	sich erinnern
utter	Antwort
sunnu	hören
tara	aber

Übung

Dieses Mal geht es vor allem um die richtigen Endungen der Zeiten. In der letzten Spalte finden Sie die beiden Endungen, die zur Bildung von Vergangenheit, Gegenwart und Zukunft benötigt werden. Ersetzen Sie also das **u** der Infinitivform durch die passende Endung.

ma	**aajaa**	**jholaa**	**aaunu**	**-e**
taapaai	**bholi**	**kamij**	**jaanu**	**-eko**
uhaa	**asti**	**<bus>**	**banaanu**	
haami	**hijo**	**<cycle>**	**boknu**	
uhaahaaru	**bihi baar**	**kitaab**	**dhunnu**	
guru	**som baar**	**kootha**	**dinnu**	
	ahile	**sobdaa**	**<help> garnu**	
		<taxi>	**hernu**	
		roti	**kaam garnu**	
		aago	**khaanu**	

Akash-Bhairav-Tempel, Kathmandu

Sadhus am Pashupatinath-Tempel, Kathmandu

Anreden, Grüßen, Höflich sein

Eine höfliche Anrede kann, nicht nur in Nepal, der Schlüssel zum guten Kontakt und zu Hilfsbereitschaft sein.

Spricht man einen Mann an, so hängt man an den Namen (wenn man ihn kennt) ein **-ji**. Das bedeutet etwa soviel wie „Herr". Kennt man den Namen nicht, kann man die Berufsbezeichnung nehmen:

Kaafleji	Herr Kaafle
Direktor ji	Herr Direktor
Doktor ji	Herr Doktor

Diese Art der Anrede wird aber hauptsächlich in Städten, unter Geschäftspartnern, in Büros und bei offiziellen Besuchen verwendet.

In nepalesischen Städten hat sich, zumindest auf Banken, Ämtern usw., der englische Sprachgebrauch durchgesetzt. Hier können Sie getrost **Mister**, **Miss, Missis** oder **Sir** bzw. **Madam** sagen.

Auf dem Land, im Dorf und „einfachen" Menschen gegenüber bedient man sich anderer Anredeformen: Man bezeichnet sein Gegenüber als Bruder oder Schwester. Je nachdem, wie alt man selbst ist, kann man seinen Gesprächspartner auch „ältere(n)" bzw. „jüngere(n)" Bruder/Schwester nennen.

Spricht man eine jüngere Person mit „ältere(r)" Bruder bzw. Schwester an, so beleidigt man sie nicht, sondern drückt im Gegenteil seine besondere Hochachtung aus. In Nepal hat Alter etwas mit Weisheit und nicht wie bei uns etwas mit Gebrechlichkeit zu tun.

bhaai	jüngerer Bruder
dhaai	älterer Bruder
bhaahini	jüngere Schwester
didi	ältere Schwester

Personen, die viel älter sind als Sie, können Sie auch als Vater (**baa** bzw. **buaa**) oder Mutter (**aamaa**) anreden.

Wenn Sie längere Zeit in einem hinduistischen Dorf leben, werden Sie vielleicht ältere Männer kennen lernen, die die Funktion eines Weisen oder Ratgebers haben. Diese Personen sind meist hochkastige Brahmanen, die mit **guru** angeredet werden sollten. Man sagt dann: **guruji** (Herr Lehrer).

Wird man angesprochen oder hat man etwas nicht verstanden, so erwidert man „**haajur**". Das bedeutet etwa soviel wie „ja, bitte" oder auch „wie bitte?".

Redewendungen

Wie Sie jemanden zum Essen oder zum Sitzen auffordern, haben Sie im Kapitel „Befehlen und Auffordern“ gelernt. Im Folgenden möchte ich noch einige weitere, teilweise ausgefallene Redewendungen und Floskeln aufzeigen:

dhaanyaabaad	danke
maaph garnus	Entschuldigung

Diese Wörter werden im Nepali bei weitem weniger benutzt als bei uns im Deutschen. Zu recht, wie ich finde. Der Nepalese tut in der Regel das, was er für notwendig hält. Wofür soll er sich entschuldigen oder Danke sagen bzw. einen Dank erwarten. Diese Auffassung hat meiner Erfahrung nach wenig mit Rücksichtslosigkeit zu tun, eher mit Selbstbewusstsein und Stolz.

kosto chhaa? Wie ist es?

Diese Frage lässt sich auf viele verschiedene Situationen anwenden, z. B. auf das Essen, Wohlbefinden, auf die Kleidung etc.

Zur näheren Bestimmung kann man ein Substantiv voranstellen.

Khaanaa kosto chhaa?
Wie schmeckt das Essen?

Baa aamaa kosto chhaa?
Wie geht es Vater und Mutter?

thik chhaa	In Ordnung, okay.
sabei thik chaa	Alles in Ordnung.
ke khabar chhaa?	Was gibt es Neues?

Bei dieser Begrüßung legt man seine Hände wie zum Beten mit den Handflächen aneinander und hält sie vor die Brust.

Naamaaste allgemeine Begrüßungsformel

Naamaaskaar ist eine Ehrbezeugung, die frei übersetzt etwa soviel bedeutet wie „Gegrüßt seist du Hochwohlgeborener". Man verwendet diese Grußformel nur gegenüber wirklichen (!) Respektspersonen. Benutzt man sie gegenüber einem einfachen Menschen, verspottet man ihn.

holaa: *vielleicht*

Ma bholi aaune, holaa.
ich morgen kommen, vielleicht.
Vielleicht komme ich morgen.

Ist man sich einer Sache nicht ganz sicher, so hängt man an das Satzende einfach **holaa** an. Noch deutlicher wird **holaa**, wenn man dabei ein verzweifeltes Gesicht macht und dazu die Hände schüttelt.

Ekdam! Mit der notwendigen Betonung bedeutet **ekdam** ungefähr super",„spitze", „das Nonplusultra". Man benutzt es als Antwort oder Zustimmung.

Sitten, Gebräuche & Körpersprache

Nicht nur mit dem Mund, sondern auch mit Ihrem Körper können Sie sprechen. Diese Art zu kommunizieren ergibt sich oft aus den Situationen und wird in der Regel richtig verstanden. Sind Sie zum Beispiel ärgerlich, so drückt Ihr Gesicht und Ihr Körper dies aus, und jeder wird Bescheid wissen.

Anders sieht es aus, wenn bestimmte Verhaltensweisen oder Gesten im Gastland eine andere Bedeutung haben als bei uns zu Hause. Da kann es leicht passieren, dass man ohne böse Absicht jemanden beleidigt oder in ein Fettnäpfchen tritt, das man überhaupt nicht sieht. Auch in Nepal gibt es einige dieser Besonderheiten; Sie sollten das wissen und sich entsprechend verhalten:

Die linke Hand ist „**jutho**", d. h. sie gilt als unrein, da sich Nepalesen mit ihr unter Zuhilfenahme von Wasser (anstelle von Toilettenpapier) reinigen. Man sollte also niemals mit der linken Hand essen, jemanden begrüßen, zuwinken oder sonstwie berühren. Übrigens: Sehen Sie morgens jemanden mit einem kleinen, wassergefüllten Eimer in Richtung Büsche verschwinden, können Sie sicher sein, dass er auf der Suche nach einem „stillen Örtchen" ist. Wegen des Toilettenmangels ist es nicht ratsam, aus einem freifließenden Bach zu trinken. Vielleicht hat jemand hinter der letzten Biegung gerade „sein Geschäft"erledigt.

Rainer Krack:
Kathmandu Valley
Reisehandbuch
ISBN: 978-8317-3041-4
REISE KNOW-HOW Verlag

Es ist unhöflich, beim Sitzen seinem Gegenüber die Fußsohlen zu zeigen. Dies ist ein Zeichen der Missachtung, da die Füße als unsauber gelten. Da oft auf dem Fußboden gegessen wird, kann dieser Fauxpas schnell passieren. Setzen Sie sich im Schneidersitz hin, auch wenn es unbequem ist.

Es gilt als Beleidigung und sogar als Sünde, über eine Person hinwegzusteigen. Auch sollten Sie niemanden mit Ihren Füßen berühren. Um beim Treppensteigen nicht in Schwierigkeiten zu geraten (nämlich über jemanden hinwegzusteigen, der gerade eine Treppe tiefer geht), sollte man sich irgendwie, z. B. durch Geräusche, bemerkbar machen.

Zustimmung bzw. Bejahung wird in Nepal durch mehrmaliges Neigen des Kopfes von der rechten zur linken Schulter ausgedrückt. Verneinung erfolgt wie bei uns durch Kopfschütteln. Das ist am Anfang etwas verwirrend, aber man gewöhnt sich daran.

Beim Herbeiwinken einer Person hält man den Handrücken nicht wie bei uns nach unten, sondern genau umgekehrt mit dem Handrücken nach oben. Im ersten Moment mag das wie Wegscheuchen aussehen. Auf der anderen Seite versteht man Sie jedoch nicht, wenn Sie versuchen, jemanden auf europäische Art herbeizuwinken.

Nepal ist, verglichen mit Deutschland, recht puritanisch. Sie können sich viel Ärger, Belästigungen und Anzüglichkeiten ersparen, wenn Sie anständig gekleidet herumlaufen.

Dies gilt besonders für Frauen: Bikinis und Shorts sind verpönt.

Eine Frau sollte nie (!) den **Topi** (die nepalesische Männer-Kopfbedeckung) aufsetzen.

Verheiratete Frauen tragen farbige, gläserne Armreifen, die nicht zerbrechen sollen. Das geschieht erst nach dem Tod des Gatten.

Liebespaare sollten in der Öffentlichkeit nie Arm-in-Arm gehen oder sich öffentlich küssen. Dies gilt als anstößig. Dagegen ist es üblich, dass sich gleichgeschlechtliche Freunde an den Händen halten oder die Arme um die Schultern legen. Das ist kein Zeichen von Homosexualität und Sie brüskieren einen Freund, wenn Sie ihm das „Händchenhalten" versagen.

Nepalesische Frauen sind im Allgemeinen sehr zurückhaltend und scheuen körperliche Berührung von Männern. Ein gut erzogenes Mädchen geht allenfalls mit Bruder oder Ehemann ins Kino oder Restaurant.

Während ihrer Regel gelten Frauen in hinduistischen Kulturkreisen als unrein. Sie dürfen dann niemanden berühren, schlafen allein und dürfen kein Essen zubereiten. Auch dürfen sie weder Küche noch Tempel betreten. Nach der Regel müssen sie baden und ihre Kleidung wechseln, dann gelten sie wieder als rein.

Händeschütteln als Begrüßung ist unüblich. Üblich ist es, die Hände mit den Handflächen in Gesichtshöhe zusammenzulegen und dabei „**Naamaaste**" zu sagen.

Bevor man in Nepal einen Raum betritt, zieht man die Schuhe aus und stellt sie am Eingang ab. Meistens liegen dort schon andere.

Rindfleisch zu essen, ist Hindus untersagt, außer den „**Sarkis**“, Angehörigen der Kaste der Schuster, denn die verarbeiten ja auch Rinderhaut, sprich Leder.

Betreten Sie keine Küche, ohne dazu aufgefordert zu werden. Dies ist vor allem bei Brahmanen (den hochkastigen Hindus) wichtig. Die Küche ist in der Regel für Fremde, vor allem Nicht-Hindus, tabu.

Nie über Speisen hinwegsteigen, die auf dem Boden stehen, sondern um diese herumgehen. Wahrscheinlich werden Sie öfter die Gelegenheit haben, da sich Essen und Trinken meistens auf dem Boden abspielt.

Kühe sind in Nepal heilig, das Töten von Rindern ist gesetzlich(!) verboten. Respektieren Sie die Religion, d. h. Kühe nicht schlagen oder mit Steinen werfen, selbst wenn sie Ihnen den Weg versperren.

Hunde streunen in Nepal frei herum. Kommen sie Ihnen zu nahe, genügt meistens schon die bückende Bewegung (als wollte man einen Stein aufheben), und sie verschwinden. Nachts ist schon eher Vorsicht geboten, da man ganzen Hunderotten begegnen kann.

Statue im Kwa Bahal, Patan

Gute und Böse Omen:

Wenn man den nepalesischen König erblickt, so werden einem für diesen Tag die Sünden vergeben.

Wenn die rechte Handfläche juckt, wird man Geld ausgeben. Juckt dagegen die linke, wird man Geld erhalten. Wenn ein Hund in der Nacht heult, wird jemand in der Nähe sterben.

Unterwegs

Mit einem Smartphone können Sie sich die mit einem gekennzeichneten Sätze dieses Kapitels anhören. Scannen Sie einfach den QR-Code mit Hilfe einer kostenlosen App (z. B. „Barcoo" oder „Scanlife").

। *Dieses Zeichen bedeutet 'Satzende'.*

Vom Flughafen bis in die Stadt nehmen Taxis meist einen festgesetzten Betrag. Wenn Sie den Taxifahrer bitten, das Taxameter anzustellen, können Sie trotzdem manchmal Erfolg haben. Der Versuch lohnt sich, weil die Fahrt dann nämlich billiger ist. Im Übrigen sind auch die nepalesischen Taxifahrer, wie wohl überall auf der Welt, recht eigenwillige Schlitzohren. Vor einer Taxifahrt sollte man deshalb fragen, wie viel sie zum Zielort kostet.

im Taxi

म मिटर मा जाने ।

Ma meteraanusaar jaane!
ich Taxometer–nach fahren
Ich möchte mit Taxometer fahren!

wohin?	**Kaahaa jaane?**
	oder einfach **Kaahaa?**

Hotel Nepalmaa jaane!
Hotel Nepal–nach fahren
Fahren Sie zum Hotel Nepal!

Halten sie hier!	**Yaahaa rokhnus!**
	oder einfacher **Stop**!

Kati rupiaa parchhaa?
wie viel Rupien kosten
Wie teuer ist es?

Yo dherai rupiaa ho.
dies viel Geld ist
Das ist aber teuer.

... rupiaa dherai ho!
... Geld viel ist

Ma ... rupiaa dinne!
ich ... Rupien gebe
Ich gebe Ihnen ... Rupien

mit LKW & Bus

Ein beliebtes, weil billiges Verkehrsmittel ist der LKW. Für ein paar Rupien nehmen LKW-Fahrer bei Leerfahrten Fahrgäste mit. Wenn man früh genug am Abfahrtsplatz ist und etwas mehr bezahlt, kann man sogar in der Fahrerkabine sitzen.

Eine LKW-Fahrt kann recht abenteuerlich sein. Mir sind die Fahrer immer wie Cowboys in Wildwestfilmen vorgekommen, nicht nur vom Aussehen, sondern auch von der Fahrweise her. Dementsprechend häufig passieren Unfälle. Eigenartig ist, dass das Mitfahren auf LKW, obwohl allgemein bekannt und überall praktiziert, verboten ist. Es kann Ihnen passieren, dass Sie von polizeilichen Streckenposten gebeten werden, den LKW zu verlassen und zu Fuß am Posten vorbeizugehen. Hinter der nächsten Kurve dürfen Sie dann wieder einsteigen.

Das Reisen mit Bussen ist nicht weniger aufregend. Sie sind oft völlig überladen, und größeres Gepäck wird auf dem Dachgepäckträger transportiert. Achten Sie darauf, dass zum Beispiel Ihr Rucksack gut befestigt wird. Am besten steigen Sie selbst auf den Bus und verstauen ihn eigenhändig.

टरक मा जान कति पर्छ ?
<Lorry> **maa jaane kati parchhaa?**
LKW–mit fährt wie viel kostet
Wie viel kostet es, mit dem LKW zu fahren?

टरक मा ठाउ छ ?
<Lorry> **maa taau chhaa?**
LKW–auf Platz ist
Ist auf dem LKW noch Platz?

Bhitra taau chhaa?
Innen Platz ist
Ist in der Kabine noch Platz?

... जाने बसस्टेसन काहा छ ?
Pokhaaraamaa jaane <bus-stop> **kaahaa chhaa?**
Pokhara–nach geht Bushaltestelle wo ist
Wo ist die Bushaltestelle nach Pokhara?

यो बस ... जान्छ ?
Yo <bus> **Pokhaaraamaa jaane?**
dieser Bus Pokhara–nach gehen
Fährt dieser Bus nach Pokhara?

<Ticket> kati parchhaa?
Ticket wie viel kostet
Wie viel kostet das Ticket?

mit dem Fahrrad

In den relativ wenigen Orten mit Straßen sind Fahrräder beliebt. Für ein paar Rupien kann man sich ein Fahrrad für Minuten, Stunden, einen Tag oder eine Woche leihen. Machen Sie eine Probefahrt, bevor Sie losfahren, um festzustellen, ob das Fahrrad auch voll funktionsfähig ist.

<Cycle> dinmaa/ghantaamaa kati parchhaa?
Fahrrad Tag–am/Stunde–in wie viel kostet
Wie viel kostet das Fahrrad für einen Tag/eine Stunde?

Aarko <cycle> chhaa?
anderes Fahrrad ist
Haben Sie ein anderes Fahrrad?

<Pump> kaahaa chhaa?
Pumpe wo ist
Wo gibt es eine Luftpumpe?

यो बनाई दिन सक्नु हुन्छ ?
Taapaai yo milaaunu sakne?
sie dies reparieren können
Können Sie dies reparieren?

zu Fuß (trekken)

Bezahlt habe ich die Träger entweder tageweise oder am Ende der Trekking-Tour. Die Träger sprechen übrigens in der Regel kein Englisch!

Das Anheuern eines Trägers: Den größten Teil des Gepäcktransportes übernehmen Träger. Sobald man ins Landesinnere will, ist man auf sie angewiesen. Erkundigen Sie sich in Ihrem Hotel, wie viel ein Träger für einen Tag verlangt, vielleicht kann das Hotel sogar jemanden besorgen.

Wenn Sie für längere Zeit trekken wollen, vor allem in kälteren Gegenden, sehen Sie sich vorher die Ausrüstung der Träger genauer an. Manchmal sind sie sehr schlecht ausgestattet, und dann empfiehlt es sich, jemand anderen anzuheuern, wenn man nicht Teile seiner Ausrüstung zur Verfügung stellen will.

... अझई कति यढा छ ?
Dhaankutamaa pugnu kati laagchhaa?
Dhankuta-in ankommen wie viel dauert
Wie weit ist es noch bis Dhankuta?

यो बाटो गाह्रो छ ?
Bhaato gaaro chhaa?
Weg schwer ist
Ist der Weg schwer?

मलाई थकाई लाग्यो वा म लाई निन्द्रा लाग्यो ।
Malaai nindraa (thakaai) laagchhaa.
mir schläfrig (erschöpft) fühlt
Ich bin müde (erschöpft).

Sutnu taau kaahaa chhaa?
schlafen Platz wo ist
Wo kann ich schlafen?/Wo ist der Schlafplatz?

Oh, didi/dhaai, ma jaahaa sutnu sakne?
oh Schwester/Bruder ich hier schlafen kann
Liebe(r) Frau/Mann, kann ich hier übernachten?

Dhaauraa/paani/khaanaa kaahaa chhaa?
Feuerholz/Wasser/Essen wo ist
Wo gibt es Feuerholz/Wasser/Essen?

Jaahaa sutnu (khaanu) kati parchhaa?
hier schlafen (essen) wie viel kosten
Wie teuer ist es, hier zu schlafen (essen)?

Oh, didi, merolaagi kambal chhaa?
oh Schwester für–mich Decke da–ist
Haben Sie eine Decke für mich?

Malaai jaado laagchhaa.
mir kalt fühlt
Ich friere.

Pokhaaraamaa jaanu baato kun ho?
Pokhara–nach gehen Weg welcher ist
Welches ist der Weg nach Pokhara?

Oh, dhaai, ek chin rokhnus.
oh älterer–Bruder ein Moment warten
Dhaai, warte einen Moment.

Haami aaraam garne.
wir Rast machen
Wir machen eine Pause.

Nepalesische Träger sind dankbar, wenn ihnen während der Rast etwas zu rauchen angeboten wird. Wenn man selbst Nichtraucher ist, sollte man trotzdem daran denken und frühzeitig einige Schachteln einkaufen, allerdings nicht von der allerbilligsten Sorte!

Churot <cigarette> linnus!
Nimm eine Zigarette!

Einige wichtige Vokabeln:

paahaad/daadaa	Berg/Hügel
nadi, khola/mul/paani	Fluss/Quelle/Wasser
taal, phokaari	See
hilo/dhulo	Matsch/Staub
kuiro/haawaa	Nebel/Wind
chhaayaa/ghaam/	Schatten/Sonne/
aakaash	Himmel
besi/kinaar	Tal/Flussufer
dhungaa/pul	Stein/Brücke
toli/dhaauraa	Gruppe/Feuerholz
sutnu taau/kambal	Schlafplatz/Decke
gaaro/sajilo	schwer/leicht
sataha/ukaalo	flach, eben/steil
khataraanaak	gefährlich
naakhataraanaak	ungefährlich

Verkehrsmittel

Bevor Engländer nach Nepal kamen, gab es hier keine modernen Verkehrsmittel. Aus diesem Grunde gibt es im Nepali auch keine Wörter für alles, was mit modernen Errungenschaften zu tun hat. Man hat einfach die englischen Bezeichnungen übernommen. Die Übersetzung dieser Vokabeln spare ich mir:

<cycle>, <bus>, <taxi>, <lorry>, <plane>, <ticket>, <airport>, <counter>, <motor-cycle>, <busstop>, <driver>, <backpack>, <motor>, <meter>.

Taxameter

tegaanaa	Adresse	**riksha**	Rikscha	
baato	Weg	**rokhnu**	anhalten	*auch: warten*
taau	Platz	**kaalli**	leer	
chito	schnell	**bistaarai**	langsam	
bhandaa	geschlossen	**kati**	wie viel?	
parchhaa	kostet	**dherai**	viel	
thorei	wenig	**bhitra**	drinnen	
baahira	draußen	**jaanu**	gehen	*auch: fahren*
maathi	oben	**doko**	Tragekorb	

bokne maanche	Träger
<trekking> garnu	trekken
<trekking> jaanu	trekken
chautaaraa	aus Stein gebauter Rastplatz am Weg

Essen & Trinken

Mit einem Smartphone können Sie sich die mit einem 👂 gekennzeichneten Sätze dieses Kapitels anhören.

Die nepalesische Küche ist einfach. Das Standardgericht ist **dhaal bhaat**, ein Reisgericht mit Linsensoße. Dazu gibt es Gemüse, Ei oder Fleisch. In Städten und auf den bekannten Trekking-Routen gibt es auch westliches Essen. Vorsicht ist bei Salaten angebracht, da diese nur mit kaltem Wasser abgespült werden und so die Gefahr einer Durchfallerkrankung groß ist.

Wenn man von ausländischen Erzeugnissen absieht, so ist das Angebot an Getränken gering. Es gibt Wasser oder Tee mit Milch, an alkoholischen Spezialitäten bietet Nepal neben teurem Flaschenbier das selbstgebraute **chaang**. Dieses Bier wird aus Reis hergestellt, und über den Geschmack lässt sich streiten. Zum Brauen wird nicht abgekochtes Wasser verwendet, was den Genuss etwas riskant macht. Das gleiche gilt für **tumbaa**, das aus Hirse gebraut wird.

Der selbstgebraute Schnaps heißt **raksi** und ist, da destilliert, unbedenklich zu genießen.

Die Speisekarten in Restaurants sind in der Regel auch auf Englisch verfasst. Das folgende Vokabular benötigt man hauptsächlich, wenn man in Privathäusern isst.

bhaat	gekochter Reis
dhaal	Linsen
maasu	Fleisch
maachhaa	Fisch
kukhuraa	Huhn
sungur	Schwein
baakraa	Ziege
tarkaari	Gemüse
saag	Spinat
mithei	Süßigkeit
nun	Salz
chini	Zucker
tumbaa	Hirsebier
khursaani	Peperoni
dudh	Milch
aalu	Kartoffeln
pyaaj	Zwiebel
lasun	Knoblauch
keraa	Banane
nariwal	Kokosnuss
chiuraa	Reisflocken
ghee	nep. Butter
roti	Brot
chiyaa	Milchtee
usineko	gekocht
taareko	gebraten
umaaleko	abgekocht
saangaa	mit
baahek	ohne
paani	Wasser
phul, dimmaa, ondaa	Ei

regional unterschiedlich

guliyo	süß
omilo	sauer
taato	heiß
chiso	kalt
piro	scharf
nunilo	salzig
piunu	trinken
khaanu	essen
piune	Getränk
khaanaa	Essen
mitho	lecker
naamitho	nicht lecker

Essensgerät ist den meisten Nepalesen unbekannt, man isst mit den Händen. Daher ist es nicht verwunderlich, dass die Bezeichnungen für „Löffel", „Gabel" etc. wieder aus dem Englischen stammen:

<fork>, <spoon>, <plate>, <cup>, <glass>, <butter>, <cake>, <coffee>, <cheese>, <beer> (Flaschenbier), **<menu>** (Speisekarte).

Nur für „Messer" gibt es ein nepalesisches Wort: **chakku**.

Im Restaurant ruft man einen Kellner (je nachdem, wie alt man selbst ist) entweder mit:

bhaai	jüngerer Bruder oder mit
dhaai	älterer Bruder

Chiyaa chini baahek /saangaa dinnus!
Tee Zucker ohne/mit gib
Kann ich Tee ohne/mit Zucker bekommen?

Utze <restaurant> kaahaa chhaa?
Utze Restaurant wo ist
Wo ist das Utze-Rastaurant?

खाना काहा पाईन्छ ?
Khaanaa kaahaa paainchhaa?
Essen wo erhältlich
Wo gibt es etwas zu essen?

Oh, bhaai, <menu> dinnus!
hallo jüngerer-Bruder Speisekarte gib
Hallo, Kellner, die Speisekarte bitte!

Khaanaa/piune keke paainchhaa?
Essen/Trinken was–was erhältlich
Was gibt es alles zu essen/zu trinken?

टोईलेट काहा छ ?
Charpi kaahaa chhaa?
Toilette wo ist
Wo ist die Toilette?

Khaanaa kati rupiaa parchhaa?
Essen wie viel Rupien kostet
Wie teuer ist das Essen?

Oh, dhaai, paaisaa linnus!
oh älterer–Bruder Geld nimm
Hallo Ober, bitte zahlen!

खाना पिरो छ ?

Khaanaa piro chhaa?

Essen scharf ist

Ist das Essen scharf?

Teehäuser & Rastplätze

Teehäuser und Rastplätze sind in Nepal sehr wichtig. Zum einen erfüllen sie eine soziale Funktion als Begegnungsstätten, zum anderen sind sie so etwas wie Informationsbörsen. Du kannst dort alles erfahren über den Weg, einen Ort etc. Irgendeiner weiß immer etwas. Überdies eignen sich Teehäuser hervorragend zum Lernen und Anwenden der nepalesischen Sprache.

chiyaa	Milchtee
kalo chiyaa	schwarzer Tee (ohne Milch)
paani	Wasser
dudh	Milch
biscut	Gebäck

यक गिलास चिया दिनुस ।

Ek <cup> chiyaa dinnus!

eins Tasse Tee gib

Eine Tasse Tee bitte!

यहा केहि खाना पाईन्छ ?

Yaahaa khaanaa paainchhaa?

hier Essen erhältlich

Gibt es hier etwas zu essen?

Pokhaaraamaa jaane kati laagchhaa?
Pokhara–nach gehe wie viel dauert–ist
Wie weit ist es noch bis nach Pokhara?

Entfernungsangaben werden in Nepal nicht in Kilometern angegeben, sondern in Stunden oder Tagen. Man antwortet also bei Fragen nach der Entfernung etwa so:

tin ghantaa (noch drei Stunden),
dui din (noch zwei Tage).

Pokhaaraamaa jaane baato kun ho?
Pokhara–nach gehe Weg welcher ist
Welches ist der Weg nach Pokhara?

Chiyaa kati parchhaa?
Tee wie viel kostet
Wie viel kostet der Tee?

Übernachten

Wenn Sie unterwegs keine Herberge finden, gehen Sie am besten zum nächsten Haus und fragen, ob Sie dort essen und schlafen können. Nepalesen sind überaus gastfreundlich, und jemandem Herberge anzubieten, ist selbstverständlich. In der Regel werden Sie nur für das Essen, nicht aber für die Übernachtung bezahlen müssen.

Das gilt natürlich nicht für die ausgelatschten Touristentreks.

taau	Stelle, Platz
sutnu	schlafen
sutne taau	Schlafplatz
ghar	Haus
gharpatti	Hausbesitzer

Abhängig von seinem eigenen Alter redet man die Hausmutter am besten mit **didi** (ältere Schwester) oder **aamaa** (Mutter) an.

Gharpatti ko ho?
Hausbesitzer wer ist
Wer ist der Hausbesitzer?

Khaanaa chhaa?
Essen ist
Gibt es etwas zu essen?

यहा सुतने ठाउ छ ?

Sutne taau chhaa?
schlafen Platz ist
Gibt es hier einen Schlafplatz?

Ma kaahaa sutne?
ich wo schlafe
Wo schlafe ich?

Einkaufen

Ein typisches Gespräch auf dem Markt könnte ungefähr folgendermaßen ablaufen:

T: **Naamaaste, didi. Keraa kati parchhaa?**
grüß Gott ältere–Schwester Bananen wie viel kosten
Grüß Gott, wie teuer sind die Bananen?

V: **Dasotaa keraa paach rupiaa parchhaa.**
zehn–Stück Bananen fünf Rupien kosten
Zehn Bananen kosten 5 Rupien.

T: **Ah, kosto mahango! Aali sasto dinnus!**
oh wie teuer bisschen billig gib
Oh, das ist teuer. Gib sie mir etwas billiger!

T: **Ma chaar rupiaa dinne, hunchhaa?**
ich vier Rupien gebe in–Ordnung?
Ich gebe dir 4 Rupien, in Ordnung?

V: **Ah, linnus**
ach nimm!

T: **Ani malaai ek <kg> aalu, ani aadaa <kg> pyaaj dinnus.**
ich–laai 1 kg Kartoffeln und 1/2 kg Zwiebeln gib
Und gib mir 1 kg Kartoffeln und 1/2 kg Zwiebeln.

T: **Sabai kati rupiaa parchhaa?**
alles wie viel Rupien kostet
Wie viel kostet alles zusammen?

Mit einem Smartphone können Sie sich die mit einem gekennzeichneten Sätze dieses Kapitels anhören.

Auf Wochenmärkten sowie in den Touristenbasaren ist Handeln üblich. In den übrigen Geschäften wird normalerweise der festgelegte Preis verlangt.

T – Tourist
V – Verkäuferin

Was man so kaufen kann:

kapadaa	Stoff
ooni	Wolle
sun	Gold
chaadi	Silber
kaath	Holz
<**gems**>	Edelsteine
<**carpet**>	Teppich
kombal	Decke
aausaadhi	Arzneimittel
kitab	Buch
naksaa	Landkarte
purraano	Antiquitäten
haad	Knochen

Wo man was kauft:

sunaar	Goldschmied
kaami	Eisenschmied
dhobi	Wäscher
hajaam	Friseur
saarki	Schuster
<**tailor**>	Schneider
kasaai	Schlachter
paasaal	Geschäft
saahu	Geschäftsinhaber
(mukhya) baasaar	(Haupt-)Basar

Yo puraano ki noyaa ho?
dies alt oder neu ist
Ist das alt oder neu?

Fotografieren

Mit Anstand und Taktgefühl, was ich voraussetze, werden Sie beim Fotografieren keine Probleme haben.

photo kichnu, photo linnu	fotografieren
rangi-zangi	farbig
khaalo-seto	schwarz-weiß
saphaa garnu	entwickeln

rang: *Farbe*

Photobaasaar kaahaa chhaa?
Fotogeschäft wo ist
Wo ist ein Fotogeschäft?

<Film> chhaa?
Film ist
Haben Sie Filme?

Taapaai <film> saphaa garne?
sie Film entwickeln
Entwickeln Sie Filme?

saphaa garne
sauber machen
säubern, waschen

<Film> saphaa garne kati din laagchhaa?
Film entwickeln wie viel Tag dauert
Wie lange dauert es, den Film zu entwickeln?

Ma <photo> kichne sakne?
ich fotografieren darf
Darf ich hier fotografieren?

Ek chin! Ma taapaaiko <photo> linne manparne.
ein Moment ich Ihr Foto nehmen möchte
Einen Moment. Ich möchte Sie gerne fotografieren.

<Photo> kichnukolaagi aadhjaaro chhaa.
Foto zu-nehmen dunkel ist
Es ist zu dunkel zum Fotografieren.

Post, Bank & Ämter

Mit einem Smartphone können Sie sich die mit einem gekennzeichneten Sätze dieses Kapitels anhören.

In nepalesischen Ämtern braucht man in der Regel viel Geduld und Höflichkeit. Anträge und Formulare werden auf verschlungenen Wegen weitergeleitet, für Westler scheinbar ohne Sinn und System. Nehmen Sie sich also viel Zeit, wenn Sie eine Bank oder Behörde aufsuchen. Das angebotene Vokabular wird nicht unbedingt benötigt, da es immer zumindest eine Person gibt, die ausreichend Englisch spricht. Aber auf der anderen Seite wird man anerkennen, wenn Sie in der Lage sind, sich nepalesisch zu verständigen, was sich unter Umständen auch positiv auf die Wartezeit auswirkt.

Fachausdrücke sind, wie Sie sicherlich schon erwartet haben, in der Regel dem Englischen entnommen:

<manager>, <exchange rate>, <stamp>, <aerogram>, <telegram>, <packet>, <registered>, <post-office>

paaisaa	100 Paaisaa = 1 Rupie
saatnu	Geld wechseln
<transfer> garnu	überweisen
parkhaanu	warten
basnu	setzen
dinnus	gib, geben Sie mir!
chiti	Brief
hulaak	Postamt
hulaaki	Postbote
aadhikaari	Beamter, Angestellter

auch allgemein für „Geld“

Bank

नेपाल ब्यान्क काहा छ ?

Nepal Bank kaahaa?

Nepal Bank wo

Wo finde ich die Nepal Bank?

डलर काहा साटन पाईन्छ ?

Dollar kaahaa saatne?

Dollar wechseln

Wo kann man Dollar wechseln?

Yo saatnus, haajur.
dieses wechseln bitte
Könnte ich hierfür bitte Kleingeld bekommen?

आज को रेट के छ ?
<Change rate> aajaa kosto?
Wechselkurs heute wie
Wie ist heute der Wechselkurs?

<Bank> <manager> kaahaa?
Bank Manager wo
Wo ist der Leiter der Bank?

Post

Es ist besser, den Brief direkt beim Postamt abzugeben und zu warten, bis der Beamte ihn abgestempelt hat. So kann die Marke nicht gestohlen werden.

Ma <germany> maa chiti <by airmail> paataune.
ich Deutschland nach Brief Luftpost schicke
Ich möchte einen Brief per Luftpost nach Deutschland schicken.

Mero chiti <germany> maa pugne kati din laagchhaa?
mein Brief Deutschland–nach erreicht wie viel Tag dauert
Wie lange dauert es, bis mein Brief in Deutschland ankommt?

Polizei

पुलिस स्टेसन काहा छ ?

<Police - station> kaahaa chhaa?

Polizei–Station wo ist

Wo ist die Polizeistation?

मेरो घडि चोरि भयो ।

Mero ghadi (<passport>, paaisaa) choreko.

meine Uhr (Pass, Geld) gestohlen

Mir ist meine Uhr (Pass, Geld) gestohlen worden.

chor	Dieb
chornu	stehlen
<insurance>	Versicherung
<police>	Polizei
chaawi	Schlüssel
paaisaa	Geld
<passport>	Pass
bhaagnu	fliehen, weglaufen
luknu	sich verstecken
lukaaunu	etwas versteken
samaatnu	fangen
karaaunu	schreien
madat	Hilfe
madat garnu	helfen
khojnu	suchen

Krank sein

Mit einem Smartphone können Sie sich die mit einem gekennzeichneten Sätze dieses Kapitels anhören.

Wenn Sie in Nepal krank sind und einen Arzt konsultieren können, haben Sie in der Regel das Schlimmste überstanden. Denn außerhalb der größeren Orte einen Arzt oder ein Krankenhaus zu finden, ist ein wirkliches Problem. Es kann sein, dass Sie in Notfällen über eine Telegrafenstation oder einen Militärposten einen Hubschrauber bestellen müssen. Das können sich Einheimische selbstverständlich nicht leisten.

So werden Ausländer unterwegs immer wieder um medizinische Hilfe gebeten. Das bringt einen oft in die Zwickmühle. Ich empfehle, wirklich nur dann zu helfen, wenn Sie genau wissen, was der Kranke hat, und nicht einfach irgendeine Pille zu geben, die vielleicht eher schadet als hilft. Wer Jod oder ähnliches dabei hat, wird dieses jedoch häufig anwenden können.

म बिरामि छु ।
Ma biraami chhu.
ich krank bin
Ich bin krank.

डक्टर बोलाउनुस ।
<Doctor> bolaaunus!
Doktor rufen
Ruft den Arzt!

डक्टर काहा छ ?

<Doctor> kaahaa chhaa?

Doktor wo ist

Wo finde ich einen Arzt?

म लाई पोखाला लाग्यो ?

Malaai disaa laagchhaa.

mir Durchfall fühlt

Ich habe Durchfall.

Ma naaraamro khaanaa khaaeko.

ich nicht-gutes Essen gegessen

Ich habe verdorbenes Essen gegessen.

अस्पटाल वा हसपिटल काहा छ ?

Saabhandaa naajikko <hospital> kaahaa chhaa?

am-meisten nah Hospital wo ist

Wo ist das nächste Krankenhaus?

Hospitaalmaa jaane baato kun ho?

Hospital-zu gehen Weg welcher ist

Welches ist der Weg zum Krankenhaus?

म लाई बिल दिनुस बिमा को लागि ।

<Insurance> kolaagi <receipt> dinnus.

Versicherung für Quittung gib

Geben Sie mir bitte eine Quittung für meine Versicherung.

Ma <doctor> hoinaa.

ich Doktor nicht-ist

Ich bin kein Arzt.

Hospitaalmaa jaanus.
Krankenhaus–in gehe
Geh in ein Krankenhaus.

Körperteile	
khutta	Bein
paakhuraa	Arm
ragat	Blut
haat	Hand
haad	Knochen
chhaati	Brust
aakhaa	Auge
daat	Zähne

Krankheiten	
taato hunu, joro aunu	fiebern
...laai rughaa laagyo	... bin erkältet
...laai disaa laagchhaa	... habe Durchfall
chiso hunu	erkältet sein
joro	Fieber
<**infection**>	Infektion
rughaa	Grippe, Erkältung
<**cholera**>	Cholera
<**malaria**>	Malaria
ghaau	Wunde
(taauko) dhuknu	(Kopf-)Schmerzen
ragat aaunu	bluten
kokhnu	husten
biraami hunu	krank sein
saancho hunu	gesund sein

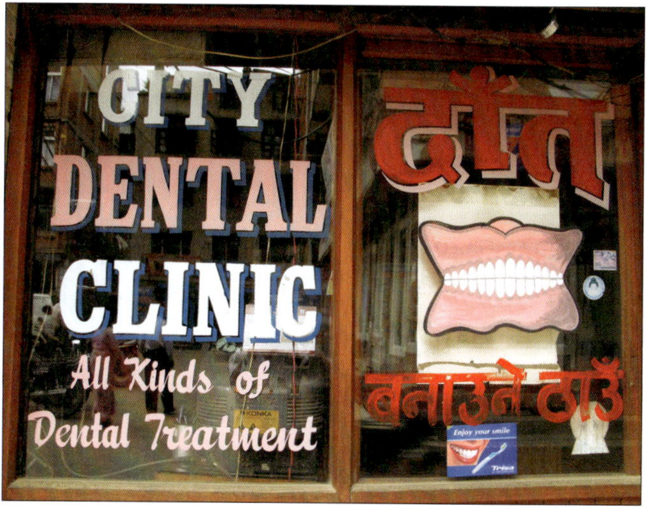

Sonstiges	
naaraamro	schlecht, giftig
pasinaa aaunu/komjor	schwitzen/schwach
saas phernu/nilnu	atmen/schlucken
aausaadhi paasaal	Apotheke
aausaadhi	Medizin
<**doctor**>	Arzt
<**hospitaal**>	Krankenhaus
<**injektion**>	Spritze
kaatnu/kaaichi	schneiden/Schere
klip	Sicherheitsnadel
<**receipt**>/ <**insurance**>	Quittung/ Versicherung

Was Nepalesen wissen wollen

Kommt man mit einem Nepalesen ins Gespräch, so tauchen in der Regel die gleichen Fragen immer wieder auf. Davon werden Ihnen einige etwas ungewöhnlich vorkommen, sind sie doch in Deutschland viel zu indiskret. In Nepal ist das anders. Denken Sie dran, wenn man von Ihnen Informationen aus Ihrer „Privatsphäre“ erhalten möchte. Typische Gesprächsthemen sind etwa die folgenden:

Taapaai kaahaa baata aaune?
du wo her kommen
Woher kommst du?

Taapaaiko des kun ho?
dein Land welches ist
Welches ist dein Heimatland?

Taapaaiko des kati taadaa chhaa?
dein Land wie viel weit ist
Wie weit ist dein Land entfernt?

<**Plane**> **maa dui din taadaa chhaa.**
Flugzeug-in zwei Tage weit ist
Mit dem Flugzeug sind es etwa zwei Tage.

Taapaai yaahaa kati din (hoptaa) bosne?
du hier wie viel Tag (Woche) bleibst
Wie viele Tage (Wochen) bleibst du?

Ma yaahaa dui hoptaa bosne.
ich hier zwei Wochen bleibe
Ich bleibe hier zwei Wochen.

Taapaai yaahaa kaahaa bosne?
du hier wo wohnen
Wo wohnst du hier?

Nepal taapaailaai kosto laagchhaa?
Nepal dir wie gefällt
Wie gefällt dir Nepal?

Nepal raamro chhaa.
Nepal schön ist
Nepal ist schön.

Taapaai bihaa gareko?
du Heirat gemacht
Bist du verheiratet?

Taapaai ko bachaa chhaa?
du dir Kinder hast
Hast du Kinder?

Ho, das bachaa!
ist 10 Kinder
Ja, 10 Kinder.

Taapaai yaahaa baata kaahaa jaane?
du hier von wo gehen
Wohin gehst du von hier aus?

Taapaai ke kaam garne?
du was Arbeit machen
Was arbeitest du?

Literaturhinweise

Die in anderen Kauderwelsch-Bänden stets recht umfangreich ausfallende Liste von Lehr- und Wörterbüchern fällt für Nepali recht kurz aus, und dies aus einem sehr einfachen Grund: Es gibt keine! Mir ist noch nicht einmal ein Wörterbuch Deutsch-Nepali bekannt. Sie halten also etwas wirklich Einzigartiges in Händen.

Die nachfolgend genannten Bücher / Schriften sind nicht über der *Reise Know-How Verlag* erhältlich.

Allerdings gibt es in Nepal ein **Miniwörterbuch Englisch-Nepali/Nepali-Englisch** zu kaufen. Es ist in der üblichen Transkription (Umschrift) verfasst und in jedem Buchladen Kathmandus zu erwerben. Ich empfehle es als Ergänzung zu diesem Büchlein.

Nepal verstehen (Sympathie Magazin Nr. 13) heißt eine empfehlenswerte Broschüre, die man beim *Studienkreis für Tourismus und Entwicklung* e.V., Kapellenweg 3, D-82541 Ammerland erhält.

Regelmäßiges Verb: khaanu (essen)

		Gegenwart bejaht	Gegenwart verneint
ich	**ma**	**khaanchhu**	**khaadaainaa**
du	**taapaai**	**khaanuhunchhaa**	**khaanuhunnaa**
er, sie	**u****	**khaanchhaa**	**khaadaainaa**
er, sie	**uhaa****	**khaanuhunchhaa**	**khaanuhunnaa**
wir	**haami**	**khaanchhaau**	**khaadaainaau**
ihr	**taapaaihaaru**	**khaanuhunchhaa**	**khaanuhunnaa**
sie	**uhaahaaru**	**khaanuhunchhaa**	**khaanuhunnaa**

		Vergangenheit* bejaht	Vergangenheit* verneint
ich	**ma**	**khaae**	**khaaenaa**
du	**taapaai**	**khaanuhuntiy**	**khaanuhuntenaa**
er, sie	**u****	**khaayo**	**khaaenaa**
er, sie	**uhaa****	**khaanuhuntiyo**	**khaanuhuntenaa**
wir	**haami**	**khaantiyaau**	**khaantienaau**
ihr	**taapaaihaaru**	**khaanuhuntiyo**	**khaanuhuntenaa**
sie	**uhaahaaru**	**khaanuhuntiyo**	**khaanuhuntenaa**

* Für die Vergangenheit muss man die Gruppe der transitiven und intransitiven Verben unterscheiden. Bei transitiven Verben wird an das Personalpronomen ein **-le** angehängt, dabei wird aus **ma** = **maile**, aus **u** = **usle**. Beispiel: **maile khaae** (ich aß), **taapaaile khaanuhuntiyo** (du aßest).

** Der Unterschied zwischen **u** und **uhaa** liegt in dem Grad der Höflichkeit. **u** ist Alltagssprache, während **uhaa** eine betont höfliche Anrede ist.

Konjugationsschema

Hilfsverben: ho & chhaa (sein)

In der Gegenwart haben **ho** und **chhaa** unterschiedliche Formen, in der Vergangenheit sind sie gleich. In den weißen Kästen finden Sie die Formen von **chhaa**.

		Gegenwart bejaht	Gegenwart verneint
ich	**ma**	**hu**	**hoinaa**
		chhu	**chhoinaa**
du	**taapaai**	**hunnuhunchhaa**	**hunnuhunnaa**
		hunnuhunchhaa	**hunnuhunnaa**
er, sie	**u****	**ho**	**hoinaa**
		chhaa	**chhaainaa**
er, sie	**uhaa****	**hunnuhunchhaa**	**hunnuhunnaa**
		hunnuhunchhaa	**hunnuhunnaa**
wir	**haami**	**haau**	**hoinaau**
		chhaau	**chhaainaau**
ihr	**taapaaihaaru**	**hunnuhunchhaa**	**hunnuhunnaa**
		hunnuhunchhaa	**hunnuhunnaa**
sie	**uhaahaaru**	**hunnuhunchhaa**	**hunnuhunnaa**
		hunnuhunchhaa	**hunnuhunnaa**

		Vergangenheit* bejaht	Vergangenheit* verneint
ich	**ma**	**tie**	**tienaa**
du	**taapaai**	**hunnuhuntiyo**	**hunnuhuntenaa**
er, sie	**u****	**tiyo**	**tienaa**
er, sie	**uhaa****	**hunnuhuntiyo**	**hunnuhuntenaa**
wir	**haami**	**tiyaau**	**tienaau**
ihr	**taapaaihaaru**	**hunnuhuntiyo**	**hunnuhuntiyo**
sie	**uhaahaaru**	**hunnuhuntiyo**	**hunnuhuntiyo**

Wörterliste Deutsch – Nepali

A

Abend belukaa
aber tara
acht aath
Acker bhaari, khet
Adresse tegaanaa
ärgern, sich rissaaunu
alle sabei
allein eklei
alt budho
alt (Dinge) puraano
Ameise komilaa
anderer aaru, aarko
andernfalls natrabhane
Anfang suru
anhalten rokhnu
Antwort utter
anzünden baalnu
Apfel syaau
Apotheke aausaadhi baasaar
Appartement deraa
Arbeit kaam
arbeiten kaam garnu
arm gorib
Arm, der paakhuraa
atmen saas phernu
auch pani
auf maa
aufstehen uthnu
Auge aakhaa
ausruhen aaraam garnu
ausschalten nibhaaunu
auswählen chaanu
ausziehen (Kleider) phukaainu

B

Baby bachhaa
backen pakaaunu
Bambus baas
Banane keraa
bauen banaaunu
Baum rukh
Beamter aadhikaari
Bedeutung maane, matlab
bedürfen chaahinu
beginnen suru garnu
Bein khuttaa
Beispiel naamunaa
Berg paahaad
Bett sutnu taau
bezahlen tirnu
Bier (selbstgebrautes) chaang
billig sosto
bitte haajur
Blatt paat
blau nilo
Bleistift sisaa kalam
Blume phul
Blumenkohl kaauli
Blut ragat
Blutegel jugaa
bluten ragat aaunu
braun khaairo
Brief chiti
bringen lyaaunu
Brot roti
Bruder, älterer dhaai
Bruder, jüngerer bhaai
Brücke pul
Brust chhaati
Buch kitaab
Büffel bhaaisi
Buttermilch mohi

C/D

China chin
da tyaahaa
danach tespachhi
danke dhaanyaabaad
das tyo
Decke kambal
denken bichaar garnu
deshalb teskaaran
Dialekt kuraa
Dieb chor
dies yo
Dorf gaau
draußen baahira
Dschungel ban
dunkel aadhyaaro
duschen nuhaaunu

E

Ecke kunaa
Ehefrau swaasni, srimaati
Ei dimma, ondaa
einige kehi
einschalten baalnu
ein wenig aaliaali
Elefant haatti
Ende antaa, antim
eng saano
entfernt taadhaa
entwickeln (Film) tayar garnu, saphaa garnu
Erdnuss badam
erinnern, sich saamjinu
erschöpft thakaai
essen khaanu
Essen khaanaa

F

fallen (Person) ladnu
Familie paribaar
fangen (jemanden) samaatnu
Farbe rang
farbig rangi-zangi
Federhalter kalam
Fehler bhul, galti
Feld bhaari, khet
Fenster jhyaal
fertig machen taaiyaar garnu
Fest chaad, chadbaat
Fett (nep. Butter) ghi, ghee
Feuer aago
Feuerholz daauraa
Fieber haben taato hunu, joro aaunu
Film pilm
Finger aaulaa
Fisch maachhaa
Flasche sisi
Fleisch maasu
Fliege jhingaa
fliehen bhaagnu
Floh upiyaa
Fluss naadi
fordern maagnu, maag garnu
Frage prosnaa
fragen sodhnu
Frau eimei
Frau, alte budhi
Freund saathi
frisch taajaa
Früchte phalphul
fühlen laagnu
fürchten, sich dar laagnu
Fuß khuttaa

G

ganz jamma
geben dinnu
Gedanke bichaar
gefährlich khataraanaak
gehen jaanu
gehorchen maannu
gelb pahelo
Geld paaisaa
Gemüse tarkaari, sag
genug pugdo
geradeaus sidaa
Geschäft baasaal
geschlossen bandaa
Gesicht mukh
gestern hijo
gesund saancho
Gewürznelken luaang
gibt es? paainchhaa?
giftig naaraamro
glücklich sein khusi hunu
Gold sun
Goldschmied sunar
Gottesdienst pujaa
Gottesdienst halten pujaa garnu
Gras gaas
groß alko, thulo
grün hariyo
Gruppe toli
Gurke kaakro
gut raamro
Guten Morgen naamaaste

H

Haar kapal
halb aadhaa
halten samaatnu
Hand haat
hart kadaa
Haumesser khukuri
Hauptstadt raajdhaani
Haus ghar
Haut chaalaa
Heft kapi
Heirat bihaa
heiraten bihaa garnu

Wörterliste Deutsch – Nepali

heiß taato
heiß (Wetter) garmi
Hemd komij
Herr saheb
Herz mutu
heute aajaa
hier yaahaa
Hilfe madat
Himmel aakaash
hinter pachaadi
Hirsebier tumbaa
hören sunnu
holen lyaaunu
Holz kaath
Holzkohle koilaa
Huhn kukhuraa
Hund kukur
husten khoknu

I

immer sadek
Indien bhaarat
in bhitro
innen bhitro
Insekt kirraa
Interesse chaakh
interessiert sein chaakh laagnu

J

Jahr saal, barsaa
jede(-r, -s) harek, pratek
jetzt ahile
Junge ketaa

K

kalt chiso
Kartoffel aalu
kaufen kinnu
Kerosin maatitel
Kinder ketaaketi
Kleidung kapadaa, lugaa
klein saano
Knoblauch lasum
Knochen haad
Koch bhaanse
kochen pakaaunu
(Speisen) usinnu
(Wasser) umaalnu
König raajaa
Königin raani
Kohl kobi
Kokosnuss nariwaal
kommen aaunu
kommend aaune
Kopf taauko
Korb doko
Korn mokoi
Kot dissaa
krank biraami, komjor
Krankheit rog
Kuh gaai
kurz chotto

L

lachen haasnu
Lampe batti
Land desh
Landkarte naksaa
lang laamo
langsam bistaaraai
laufen dagurnu
Laus jhumraa
lecker mitho
leer khaali, ritto, khaalo
legen raakhnu
Lehrer guru
leicht sajilo
Lied git
links baayaa
Linsensuppe dhaal
Lunge pokso

M

Magen pet
manchmal kaile kahi
Mango aap
Mann maanche
Mann, alter budho
Maus musaa
Medizin aausaadhi
Mehl pitho
Meinung bichaar
Messer chakku
Milch dudh
mit saangaa
Mittag diuso
Mitte bich
Monat mahinaa
morgen bholi
Morgen bihaanaa
Moskito laamkutti
Mutter aamaa

N

nachher pachhi
nachmachen nakal garnu
Nacht raati

nächster aaru, aarko
nächstes Jahr aagum saal
nahe najik
Name naam
Nase naak
Nebel koiro
neben chheumaa
neu noyaa
Norden uttar
nur maatro

O

oder ki
öffnen kolnu
Öl tel
offen kulla
Orange suntaalaa
Osten purbaa

P

Papier kaagat
Peperoni khursaani
Pfeffer morich
Postbeamter hulaaki

R

rauchen churot piunu
Raum khotaa
rechts daayaa
reich dhani
Reisflocken chiuraa
Reis (gekocht) bhaat
Reis (Pflanze) dhaan
Reis (roh) chaamal
Reis und Linsen dhaal bhaat
reisen gumnu
Religion dharmaa
rennen dagurnu
rot raato

S

säubern saphaa garnu
sagen bhonnu
Salz nun
salzig nunilo
sauber saphaa
sauer amilo
scharf piro
Schatten chhaayaa
Schere kaaichi
schlafen sutnu
schlagen haannu
Schlange sarpaa
schlecht naaraamro
schlucken nilnu
Schlüssel chaawi
schmerzen dhuknu
Schmetterling putaali
Schmied kaami
schmutzig phohor
Schnee hiu
schneiden kaatnu
schnell chito
schreiben lekhnu
schreien karaaunu
Schuhe jutta
Schultertasche jholaa
schwach komjor
Schwein sungur
Schweiß pasinaa
Schwester, ältere didi
Schwester, jüngere bhaahini
schwierig gaaro
schwimmen paadikhelnu
schwitzen pasinaa aaunu
See pokhaari, taal
sehen hernu
sehr ekdam
Seil dori
setzen raakhnu
setzen, sich basnu
Silber chaadi
singen git gaaunu
Sohn chhoraa
Soldat sipaahi
Sommer garmimaa
Sonne ghaam
spät abelaa
spielen kelnu
spielen (Musik) bajaaunu
Spinat saag
Sprache bhaasaa
stark baliyo
Staub dhulo
Stein dunghaa
Stelle taau
sterben mornu
Stern taaraa
Stock latthi
Straße baato
Streichholz solei
Student bidjaarthi
Stuhl mech
Stunde ghantaa
suchen khojnu
Süden dakchhin
süß guliyo
Süßigkeit mithei

Wörterliste Deutsch – Nepali

T

Tabak surti
Tag din
tanzen naachnu
Tee chiyaa
teuer mahako, mahango
Tisch tebal
Tochter chhori
töten maarnu
Toilette charpi
Tomate golbedaa
Träger boknemaanche
tragen boknu
tragen (Kleider) lagaaunu
treffen, sich bhetnu
trinken piunu
trocken sukeko
trocknen sukaaunu
Trommel maadal
Tür dhokaa

U

überall jaahaapani
übermorgen parsi
über maathi
Uhr ghadi
und ani
und ra
ungefähr korib
unterrichten sikaaunu
unter tala, muni
Urin pissaab

V

Vater baa, buaa
vergangen gaeko
vergessen birsinu
verkaufen bechnu
verlieren haraaunu
verschieden pharak
verstecken, etwas lukaaunu
verstecken, sich luknu
verstehen bujnu
versuchen kosis garnu
viele dherai
vielleicht holaa
Vogel choraa
voll bhari
vor aghaadhi
vorgestern asti
vorher aghi

W

Wald ban
wann kahile
warten parkhaanu
warum kinaa
was ke
waschen dhunnu
Wasser paani
wechseln (Geld) saatnu
Weg baato
weglaufen bhaagnu
weil khinaabhane
weinen runu
weiß seto
welche(-r, -s) kun
Welt sansaar
wenig thorei
wer ko
wessen kosko
Westen passim
Wetter maausaam
wichtig mukhyaa
wie kosaari, kosto
wie bitte? pheri bhonnos
wie viele? kati
Wind haawaa
Winter hiud, jaadomaa
wo kaahaa
Woche hoptaa
Wolke baadal
Wort sobdaa
Wunde ghaau

Z

zählen gonnu
Zähne daat
zeigen dekhaaunu
Zeitung samaachaar
Ziege baakraa
Zigarette churot
Zimmer kothaa, deraa
Zucker (braun) sakhar
Zucker (weiß) chini
Zuckerrohr ukhu
zuhören sunnu
zum Beispiel naamunaa kolaagi
zur Toilette gehen disaa garnu
zurückkehren pharkaa unu
Zwiebel pyaaj
zwischen bichmaa

A

aadhaa halb
aadhikaari Beamter
aadhyaaro dunkel
aago Feuer
aagum saal nächstes Jahr
aajaa heute
aakaash Himmel
aakhaa Auge
aaliaali ein wenig
aalu Kartoffel
aamaa Mutter
aap Mango
aaraam garnu ausruhen
aarko anderer, nächster
aaru anderer, nächster
aath acht
aaulaa Finger
aaune kommend
aaunu kommen
aausaadhi baasaal Apotheke
aausaadhi Medizin
abelaa spät
aghaadhi vor
aghi vorher
ahile jetzt
alko groß
amilo sauer
ani und
antaa Ende
antim Ende
asti vorgestern

B

baa Vater
baadal Wolke
baahira draußen
baakraa Ziege
baalnu anzünden, einschalten
barsaa Jahr
baasaal Geschäft
baas Bambus
baato Straße, Weg
baayaa links
bachhaa Baby
badam Erdnuss
bajaaunu spielen (Musik)
baliyo stark
banaaunu bauen
bandaa geschlossen
ban Dschungel, Wald
basnu sich setzen
batti Lampe
bechnu verkaufen
belukaa Abend
bethnu sich treffen
bhaagnu fliehen, weglaufen
bhaahini jüngere Schwester
bhaai jüngerer Bruder
bhaaisi Büffel
bhaanse Koch
bhaarat Indien
bhaari Feld, Acker
bhaasaa Sprache
bhaat (gekochter) Reis
bhari voll
bhitro in, innen
bholi morgen
bhonnu sagen
bhul Fehler
bichaar garnu denken
bichaar Idee, Meinung
bichmaa zwischen
bich Mitte
bidjaarthi Student
bihaa garnu heiraten
bihaa Heirat
bihaanaa Morgen
biraami krank
birsinu vergessen
bistaaraai langsam
boknemaanche Träger
boknu forttragen
buaa Vater
budhi alte Frau
budho alt, alter Mann
bujnu verstehen

C

chaad Fest
chadbaat Fest
chaahinu bedürfen
chaakh Interesse
chaakh laagnu interessiert sein
chaalaa Haut
chaamal roher Reis
chaang selbstgebrautes Bier
chaanu auswählen
chaadi Silber
chaawi Schlüssel
chakku Messer
charpi Toilette
chhaati Brust
chhaayaa Schatten
chheumaa neben
chhoraa Sohn

chhori Tochter
chin China
chini weißer Zucker
chiso kalt
chiti Brief
chito schnell
chiuraa Reisfloken
chiyaa Tee
choraa Vogel
chor Dieb
chotto kurz
churot piunu rauchen
churot Zigarette

D

daat Zähne
daauraa Feuerholz
daayaa rechts
dagurnu
laufen, rennen
dakchhin Süden
dar laagnu
sich fürchten
dekhaaunu zeigen
deraa Appartement
desh Land
dhaai älterer Bruder
dhaal bhaat
Reis und Linsen
dhaal Linsensuppe
dhaan Reis (Pflanze)
dhaanyaabaad danke
dhani reich
dharmaa Religion
dherai viele
dhokaa Tür
dhuknu schmerzen
dhulo Staub
dhunnu waschen
didi ältere Schwester
dimma Ei
dinnu geben
din Tag
disaa Kot
disaa garnu
zur Toilette gehen
diuso Mittag
doko Korb
dori Seil
dudh Milch
dunghaa Stein

E

eimei Frau
ekdam sehr
eklei allein

G

gaai Kuh
gaaro schwierig
gaas Gras
gaau Dorf
gaeko vergangen
galti Fehler
garmi heiß (Wetter)
garmimaa Sommer
ghaam Sonne
ghaau Wunde
ghadi Uhr
ghantaa Stunde
ghar Haus
ghee Fett (nep. Butter)
git gaaunu singen
git Lied
golbedaa Tomate
gonnu zählen
gorib arm
guliyo süß
gumnu
gehen, reisen
guru Lehrer

H

haad Knochen
haannu schlagen
haasnu lachen
haat Hand
haatti Elefant
haawaa Wind
haraaunu verlieren
harek jede(-r, -s)
hariyo grün
hernu sehen
hijo gestern
hiud Winter
hiu Schnee
holaa vielleicht
hoptaa Woche
hulaaki Postbeamter

J

jaadomaa Winter
jaahaapani überall
jaanu gehen
jamma ganz
jhingaa Fliege
jholaa Schultertasche
jhumraa Laus
jhyaal Fenster
joro aaunu
Fieber haben
jugaa Blutegel
jutta Schuhe

K

kaagat Papier
kaahaa wo
kaaichi Schere
kaakro Gurke
kaam Arbeit
kaam garnu arbeiten
kaami Schmied
kaath Holz
kaatnu schneiden
kaauli Blumenkohl
kadaa hart
kahile wann
kaile kahi manchmal
kalam Federhalter
kambal Decke
kapadaa Kleidung
kapal Haar
kapi Heft
karaaunu schreien
kati wie viel
kehi einige
kelnu spielen
keraa Banane
ketaa Junge
ketaaketi Kinder
ke was
khaairo braun
khaali leer
khaalo leer
khaanaa das Essen
khaanu essen
khataraanaak gefährlich
khet Feld, Acker
khinaabhane weil
khojnu suchen
khoknu husten
khotaa Raum, Zimmer
khukuri Haumesser
khursaani Peperoni
khusi hunu glücklich sein
khuttaa Bein, Fuß
kinaa warum
kinnu kaufen
ki oder
kiraa Insekt
kitaab Buch
kobi Kohl
koilaa Holzkohle
koiro Nebel
kolnu öffnen
komij Hemd
komilaa Ameise
komjor krank, schwach
korib ungefähr
kosaari wie
kosis garnu versuchen
kosko wessen
kosto wie
kothaa Zimmer
ko wer
kukhuraa Huhn
kukur Hund
kulla offen
kunaa Ecke
kun welche(-r, -s)

L

laamo lang
laamkutti Moskito
ladnu fallen (Person)
lagaaunu tragen (Kleider)
lasum Knoblauch
latthi Stock
lekhnu schreiben
luaang Gewürznelken
lukaaunu etwas verstecken
luknu sich verstecken
lyaaunu bringen, holen

M

maa auf
maachhaa Fisch
maadal Trommel
maag garnu fordern
maagnu fordern
maanche Mann
maane Bedeutung
maannu gehorchen
maarnu töten
maasu Fleisch
maathi über, oberhalb
maatitel Kerosin
maatro nur
maausaam Wetter, Klima
madat Hilfe
mahako teuer
mahango teuer
mahinaa Monat
matlab Bedeutung
mornu sterben
mech Stuhl
mithei Süßigkeit
mitho lecker
mohi Buttermilch
mokoi Korn
morich Pfeffer
mukh Gesicht
mukhyaa wichtig
muni unter, unterhalb

musaa Maus
mutu Herz

N

naachnu tanzen
naadi Fluss
naak Nase
naamaaste Guten Morgen
naam Name
naamunaa Beispiel
naamunaakolaagi zum Beispiel
naaraamro giftig, schlecht
najik nahe
nakal garnu nachmachen
naksaa Landkarte
nariwaal Kokosnuss
natrabhane andernfalls
nibhaaunu ausschalten
nilnu schlucken
nilo blau
noyaa neu
nuhaaunu duschen
nunilo salzig
nun Salz

O/P

ondaa Ei
paahaad Berg
paainchhaa? gibt es?
paaisaa Geld
paakhuraa Arm
paani Wasser
paat Blatt
paaudikhelnu schwimen
pachaadi hinter
pachhi nachher
pahelo gelb
pakaaunu backen, kochen
pani auch
paribaar Familie
parsi übermorgen
pasinaa aaunu schwitzen
pasinaa Schweiß
passim Westen
pet Magen
phalphul Früchte
pharak verschieden
pharkaanu warten
pharkaaunu zurückkehren
pheri bhonnos bitte?, wie bitte?
phobor schmutzig
phukaalnu ausziehen (Kleider)
phul Blume
pilm Film
piro scharf
pissaab Urin
pitho Mehl
piunu trinken
pokhaari See
pokso Lunge
pratek jede(-s, -r)
prosnaa Frage
pugdo genug
pujaa Gottesdienst
pujaa garnu Gottesdienst abhalten
pul Brücke
puraano alt (Dinge)
purbaa Osten
putaali Schmetterling
pyaaj Zwiebel

R

raajaa König
raajdhaani Hauptstadt
raakhnu setzen, legen
raamro gut
raani Königin
raati Nacht
raato rot
ragat aaunu bluten
ragat Blut
rang Farbe
rangi-zangi farbig
ra und
rissaaunu sich ärgern
ritto leer
rog Krankheit
rokhnu anhalten
roti Brot
rukh Baum
runu weinen

S

saag Spinat
saal Jahr
saamjinu sich erinnern
saancho gesund
saangaa mit
saano eng, klein
saas phernu atmen
saathi Freund
saatnu wechseln (Geld)

sabei alle
sadhai immer
saheb Herr
sajilo leicht, einfach
sakhar brauner Zucker
samaachaar Zeitung
samaatnu jmd. fangen, halten
sansaar Welt
saphaa garnu säubern, (Film) entwickeln
saphaa sauber
sarpaa Schlange
seto weiß
sidaa geradeaus
sikaauno unterrichten
sipaahi Soldat
sisaa kalam Bleistift
sisi Flasche
sobdaa Wort
sodhnu fragen
solei Streichholz
sosto billig
srimaati Ehefrau
sukaaunu trocknen
sukeko trocken
sun Gold
sunar Goldschmied
sungur Schwein
sunnu hören, zuhören
suntaalaa Orange
surti Tabak
suru Anfang
suru garnu beginnen
sutne taau Bett
sutnu schlafen
swaasni Ehefrau
syaau Apfel

T

taadhaa entfernt
taaiyaar garnu fertig machen
taajaa frisch
taal See
taaraa Stern
taato heiß
taato hunu Fieber haben
taau Stelle, Platz
taauko Kopf
tala unter, unterhalb
tara aber
tarkaari Gemüse
tayar garnu entwickeln (Film)
tebal Tisch
tegaanaa Adresse
tel Öl
teskaaran deshalb
tespachhi danach
thakaai erschöpft
thorei wenig
thulo groß, sehr
tirnu bezahlen
toli Gruppe
tumbaa Hirsebier
tyaahaa da, dort
tyo das, jenes

U

ukhu Zuckerrohr
umaalnu kochen (Wasser)
upiyaa Floh
usinnu kochen (Speisen)
uthnu aufstehen
uttar Norden
utter Antwort

Y

yaahaa hier
yo dies

Der Autor

Hans G. Voßmann, Jahrgang 1951, lebte nach seinem Lehrerstudium drei Jahre als Entwicklungshelfer in Nepal. Er arbeitete dort als Dozent in der Sportlehrerausbildung an der Kirtipur-Universität, Kathmandu. In Nepal und Indien unternahm er ausgedehnte Wanderungen und Reisen und lernte besonders das Himalaya-Königreich aus einer Sicht kennen, wie es „normalen" Touristen selten gelingt. Voraussetzung dafür war natürlich die gute Kenntnis der Sprache.

Nach seiner Rückkehr arbeitete er zunächst als Lehrer, studierte dann Psychologie und Erziehungswissenschaften. Er arbeitet heute als Leiter einer Beratungs- und Therapieeinrichtung.